北川智子

Tomoko L. Kitagawa

日本史を動かした女性たち

ポプラ新書

203

はじめに

ハーバード発、世界へ

十年一昔と言いますが、私は二〇一二年に『ハーバード白熱日本史教室』（新潮新書）を刊行し、ハーバード大学の先生になるまでの過程と、「レディサムライ（Lady Samurai）」という日本史のクラスを作り、その講義が二五〇人を超える履修者の大人気レクチャーになったことを紹介しました。

ありがたいことに『ハーバード白熱日本史教室』から一〇年近く経っても、日本からのレディサムライの講演の依頼は後を絶ちませんでした。それどころか、世界各地からは英語でのレディサムライの講演依頼が続々と届き、私をアフリカや中東という遥か遠い世界にも連れていってくれました。この一〇年は一昔というより、一〇年かけたひとつの冒険だったように思います。

二〇二〇年に入り、コロナウイルスの影響で、講演活動や大学でのレクチャーもこれまでどおりにはできない事態になりました。数ヶ月の間に人々の生活は大きく変わり、世界中の人々が変化の真っ只中を生きています。現在、私はイギリスのオックスフォードに住んでいるのですが、何もかも全て変わってしまうのかもしれないという不安を、ロックダウン（都市封鎖）の中で強く感じています。

しかし、変わらないこともいくつかあるように思えました。

それは、これまで世界に必要とされていた、知識の共有です。

世界は、壁を作っては、それを壊すものです。ですから、コロナウイルス対策でできる人工的な壁は、作られた後に、また必ず壊される時が来ます。科学技術や医学をはじめ、社会学、そして歴史学も、より広く、そして迅速に共有されてゆく時代になっていくと思います。

そこで、ハーバード大学という枠を超えて世界で語ったレディサムライのお話を日本でもシェアできればと思い、日本の読者に向けて新たに書き直して、この新書をお届けすることにしました。たくさんの人々が困難な時期を乗り越え、新たな時代をポジティブに生きていけるよう、歴史を生き抜いた人々の知恵と希望を、本書に託します。

世界中で講義をしたレディサムライとは

レディサムライと聞くと、レディサムライが誰なのかを特定して、レディサムライを定義していくのだろうと期待されるかもしれませんが、本書で私は、フェミニストとして、レディサムライが誰なのかを説明したいのではありません。また、勇敢に生きた女性のエピソードを集めた偉人伝や烈女伝を語りたいわけでもありません。

日本が統一に向かった時代を生きた女性たちの知恵や強さについて史料をもとに読み解き、それぞれにレディサムライとは何か考えていただきたいのです。

海外における日本史を学ぶ意義は、教科書に書いてある出来事を時系列で記憶するものではなく、海外で生まれ育った人々が、自分たちの知見や教養を広げるために、日本の歴史を聞いたり読んだりして、外国である日本への理解を深めるためのものです。


私が教鞭（きょうべん）をとっていたハーバード大学を例にあげましょう。

ハーバードには「ザ・サムライ」という日本史のクラスがありました。私も、学生の時にそのクラスを受講しましたし、一九八〇年代後半から九〇年代にかけて、履修者がたくさん集まるクラスだったそうです。日本が高度経済成長を遂げ世界から注目を集めていた時のことですから、日本に関心が集まるアメリカ社会の風潮が後押ししていたという事情もあったでしょう。

終戦後、目を見張る速さで経済成長を遂げた日本と、それ以前までその国を作ってきたサムライたち。海外で「武士道」として認識されるようになったサムライの考え方に、経済成長を支えた強さの根源があるのではないかと関心が集まるのは、ごく自然なことだったのです。日本史のクラスに「ザ・サムライ」と名前がついていたのは、「日本とはどんな国なのか」という学生の質問にヒントを与えるようなもので、サムライの動向を基軸に日本史を辿(たど)っていくのは、当時の時代が求める歴史叙述の方法だったと思います。

しかし、このクラスは、サムライを定義することを目標としていません。「日本人」とは誰ですか、「日本人」を定義しなさい、と言ってもそこに答えがないように、サムライといっても実に様々です。ですから、サムライとは誰なのかの定義が問題なのではなく、人々がどんなふうに時代を築いたのか、あるいは逆に、時代に翻弄されたのかという記録について知ることが目標でした。「ザ・サムライ」とは、現代に残されている歴史史料を読み返しながら、日本の歴史を振り返る授業だったのです。

「ザ・サムライ」を担当されていた教授の退官の後、ハーバードに赴任した私は、日本史のクラスを「レディサムライ」と名付けました。奈良時代から平安時代へ。鎌倉時代から中世、そして近世へ。ひとつの時代や、一人の人物を取りあげるのではなく、できるだけ幅広く日本の文化の変遷がわかるように史料や文献を揃えました。そして、これまでサムライに代表されていた男性中心の歴史ではなくサムライの陰で活躍していた女性を紹介し、従来の歴史叙述に女性の話を組み入れた形で日本史を教えようと思いました。さらに、グローバルに物事を考えるという観点から、これまでよりも視野を広げて、世界史の視点から日本史を俯瞰(ふかん)するように目線を変えて、カリキュラムを作りました。

このクラスは開講から三年で大人気になったのですが、アメリカの学生にとって日本の歴史を学ぶ意義は、先生である私の言ったことをどれだけ覚えているのか、私の考え方を解答用紙に複写できるかではありません。「レディサムライの定義を自分なりに定め、日本史を自分の言葉で語ることができる」ことが最終目標でした。クラスの最終試験の解答を思い出してみると、学生のレディサムライを説明するアプローチはどれもユニークなものでした。課題と解答の一部を紹介します(以下の解答は、拙著『異国のヴィジョン』から抜粋、加筆）。

【課題】レディサムライの定義を自分なりに定め、歴史資料を取りあげながら分析しなさい。

解答A　平安時代の女性文学作品を出発点に、どのように武士の文化が、鎌倉、室町、戦国、江戸の女性の文学に影響を与えたのかという、文学の文化発展の過程をたどるエッセイ。

解答B　鎌倉時代初頭の北条政子や戦国時代の北政所（きたのまんどころ）ねいにまつわる歴史的事項を元に、異なる時代に、異なる活躍ぶりをみせた女性の特徴を比較・議論したもの。

解答C　戦国時代を生きた女性にまつわる史料をとことん書き出し、最後に自分の分析と意見を書いたもの。

解答D　「女性といえば良妻賢母」というアイディアにたどり着くまでの、日本社会の女性への見方の変遷をたどったもの。

解答E　フランスのジャンヌ・ダルクを比較対象とし、中世の日本の女性がどのように「レディィサムライ」らしいかを議論したエッセイ。

解答F　英国のエリザベス一世の言葉を引用し、戦国時代の女性が残した史料と比較、検討するもの。

解答G　授業で習った女性の例を羅列し、マクロな視点からレディィサムライ史を書き、世界に飛び出し「レディィサムライ」として活躍する女性の登場に期待するというもの。

学生たちは、思い切った歴史考察を繰り広げていました。生まれも育ちも違う、様々なバックグラウンドを持つ学生たちが日本史を学んで感じること。その感想文ではなく、その記憶力を誇るものでもなく、史料から見えてくる歴史叙述はオリジナルのもので、学生の数だけレディサムライについての考察がありました。

ハーバード大学での日本史の授業は、日本で日本人が学ぶ歴史の授業とは前提条件も目標も全く違うのです。教員の私が、誰がレディサムライなのかを決めて、なぜそうなのかを一方的に教えて生徒がノートをとるイメージは、ここで捨ててください。そもそも、そんなふうにレディサムライを定義することが歴史学者の仕事ではありませんし、そのような歴史のクラスが大学教育にふさわしいかというと、そうではないのです。断片的に残る過去の情報が我々に示す意味を見出す作業が歴史のクラスの醍醐味で、歴史は教えられるものではなく、それぞれの立場から考え、理解するものなのです。ですから、本書でも、誰をレディサムライとするかは、あなたが決めてください。

これから、第一部で、日本の天下統一期に時代を絞って歴史資料を紹介します。北政所ねね（ねい）と彼女の同時代を生きた女性たちを、大学のカリキュラムにのっとって紹介します。北政所ねねに関する歴史資料は比較的多く、戦国時代までの女性の中では、年代ごとに順を追って言動を追える稀（まれ）な人物です。そのねねの足取りを当時の手紙や日記の記述から辿ります。

ねねの他にも、茶々（淀君）など、日本でもドラマや小説で描かれ、みなさんにも馴染み深い人物が登場しますが、ねねと彼女の同時代の女性たちについて、実際に歴史資料に残っている史実はどれくらいあるかご存じでしょうか。彼女たちの目線から見た日本の天下統一とはどんな経験だったのでしょうか。誰のどんな強さが争いを回避させるのに功を奏したのか、逆に、命取りになる結果を導く障害となったものは何だったのか。日本の天下統一について、ねねと豊臣家の女性たちの視点から振り返ってみてください。

第二部では、ハーバードなどアメリカの大学でのレクチャーで得た学生の反応や、中東やアフリカ、ヨーロッパでレディサムライをどのように語り、その結果、どのような反応を得たのかをまとめます。レディサムライは、近年、アメリカの大学の授業という枠を飛び出して、さらに広い世界へと旅立ち、幅広い聴衆と出会いました。話の仕方や論点も変わり、歴史叙述にも一層の幅が出てきました。海外で語ることで深められていく様子を日本のみなさまと共有できればと思います。

二〇二一年一月吉日

北川智子

※本書は、読みやすさを重視して、宸翰（しんかん）以外の古文で書かれた手紙は、筆者が現代語に訳しています。史料の原典や原文の書き下し文が掲載されている資料を記しますので、詳しい内容を知りたい方は、そちらをご覧ください。いくつか漢文で書かれた史料もご紹介します。また、出版物からの引用（原文引用、意訳、要約含む）の場合は、出典を文尾に書き添えます。

日本史を動かした女性たち／目次

図版作成・デザイン春秋会

第一部

ねねと豊臣家の女性たち

第一部では、乱世から日本統一へと向かう、一六世紀半ばから一七世紀初頭の日本の歴史について取りあげます。ここでは、北政所ねねの一生を時間軸にして、現在まで残されている史料をもとに、およそ半世紀を振り返ります。

ねねを中心に、彼女の周りで生きた女性たちの様子をご紹介しますが、女性の生き方に焦点を当てると、これまでおもに武力制圧で語られてきた日本の天下統一の裏側の事情が詳しくわかります。ここでは、ねねがどう「凄かったのか」ではなく、ねねを含めた女性たちの動きが「どんな歴史資料にどんな形で残っているか」を知ることが目的です。歴史のクラスでは、史料を読むことが最も大事で、それをもとに自分なりに考えることに醍醐味があります。そうしていく過程で、ねねや彼女の周りの女性たちが果たした役割や、努力や試行錯誤の跡に気づくことになります。ねねをレディサムライと呼ぶか呼ばないか、ねねや他の女性をレディサムライと考えるか考えないかは、あなた次第です。海外の学生とは違い、日本の読者は、信長、秀吉、家康など武将たちの動向にお詳しい方もいらっしゃるでしょう。ここでは、ご存じの知識に鑑み、様々な角度から考察しながら、ねねの一生を振り返ってみてください。

第一講　ねねが武力の代わりに使ったもの

ねねと秀吉は、二人とも高貴な家の生まれではありません。二人揃って、生まれた年さえも確証がないほどです。どういういきさつで出会って結婚したのか、両親や親戚が決めた結婚だったのか、後世に残された逸話はありますが、確かなことは一切わかってはいません。本来であれば下級武士、足軽の夫婦として暮らしていく運命だったのかもしれませんが、この素性が不明、あるいは、生い立ちが不明であるほど低い身分だったことが、彼らの人生を特別なものにしました。

夫婦二人で行なった長濱での政策決断

ねねは、秀吉に「おねね」と呼ばれ、二人は結婚後、尾張（現在の愛知県）に住みました。二人がひとつの藩を仕切るまでに出世したのは一五七四（天正二）年の六月頃。それまで信長に奉公していた秀吉は、今濱（現在の滋賀県）の藩主に取り立てられ、そこにあった城を改築し、天守閣に居を構えました。もともとは、足軽という低い身分だったので、城主になった時点で一世一代の大出世でした。

ねねと秀吉の夫婦間で、夫の秀吉が絶対的に強く、全てを一人で決めていたのかというとそうではなかったようです。歴史的資料にもそれが残っていて、例えば、次の手紙は二人が相談している様子を今に伝えています。内容は（今濱改め）長濱の城下に住む人々への年貢の歩合についてです。秀吉は長濱の町人たちに、徴税を含めて、できるだけ負担が少なくなるよう寛容な政策をとっていました。しかし、過度の人口流入が新たな問題となってきたため、年貢と諸役（雑税）を厳しくしようと税の引き上げを決めました。税率が上がると、町人たちは反発するに決まっています。町人の声を聞いてか案じてか、ねねは政策転換に反対しました。

長濱の年貢について書かれた手紙を丁寧に拝読しました。

一、長濱の町の住人の事を不憫に思い、様々なことを堪忍していました。だんだん周辺地域の百姓を長濱の町に呼んでくる事態になってきました。

一、外の領地から来たものを追い返し、年貢や諸役を免除していた長濱の領地内の住人には、この機会にもっと課税することにしました。

一、一旦は奉行を呼び、新たな負担を申し付けましたが、あなたが課税の引き上げを拒否なさったので、これまで同様の年貢の負担に据え置くことにします。この決定を奉行らに申し付けるよう。以上。

追伸　あなたが年貢の引き上げをお断りになったから長濱の諸役を据え置きします。この経緯をよく説明するように。

（原典は川路文書、『太閤書信』＃7）

ねねが増税しないように秀吉に申し入れ、秀吉は彼女の意見を聞き入れる形で年貢の歩合を据え置きにしたのです。財源がなければ大名は生きていけません。家臣に支払いができなければ反発されてしまいます。財源を確保しつつ、安定した統治をする方法を二人で話し合ったのです。夫の決断が全てではなかったのです。

ねねははっきりと物を言う

ねねは、はっきりと発言する性格だったようです。ねねが安土城に招待され、信長を訪問した後、信長がねねに送った手紙からそのことがわかります。この史料も、現代語で読んでみましょう。

この度、私の命に従い、安土を初めて訪問してくれ、嬉しく思う。お目にかかれて光栄だ。特に、たくさんの土産を持っていらっしゃり、どれも色とりどりで美しく、相当に見事なものだと驚いた。筆では言い尽くせない程の土産をいただいたお返しに、私の方からも何か用意しようと思ったが、あなたからの土産があまりに素晴らしく、何をお返しにすべきか思いつかなかったので、この度にお返しをするのは諦め、あなたが今度会いに来た時に、何か用意してお渡ししようと思う。

とりわけ、あなたのお顔も風貌も、いつだったか前回お会いした時よりも、十倍も二十倍も美しくなっているように思えた。藤吉郎（秀吉）が、あなたに何か不足しているなどとぬかしているらしいが、そんなことは言語道断。全くもって、けしからんことではないか。どこを探しても、あの禿ねずみは、あなたほどの方を二度と見付けることができない。

これからは、振る舞い良く、いかにも上様らしく落ち着いているように。やきもちを妬くなど、もってのほかである。ただし、女性なので、言いたいことがあっても、すべて言うのではなく、ある程度に留めおくように。

また、この手紙は、羽柴にも見せ、意見を聞くように。

（原典は個人蔵、書き下し文は『太閤の手紙』34〜35頁）

前回会った時よりも十倍も二十倍も美しいと褒めているうえ、「秀吉が、ねねに不満を持つなど言語道断。ハゲネズミに、これほど素晴らしい相方は、二度と見つけられないだろうから、これからは、自信を持って振る舞いなさい」とアドバイスまでしています。ただし、女なので意見を言うことについては分をわきまえるようにと、ねねに言い添えています。長濱の年貢の時のように、ねねが秀吉に意見を言っているのを、信長は知っていたのです。

信長の暗殺による天下政変

城主の妻となったねねの足取りは、順風満帆な出世劇のようにも思えます。しかし、ねねと秀吉の安寧は突然ひっくり返ります。

一五八二（天正一〇）年。信長が暗殺されたのです（本能寺の変）。暗殺を遂行した信長の家臣、明智光秀を討つために戦いの火蓋が切られました。もちろん、ねねの夫である秀吉も軍勢を率いて明智軍を襲撃しました。信長を裏切った明智を攻撃しないという選択肢はありませんでした。

ねねは長濱の天守閣で、秀吉の無事を祈っていたことでしょう。あるいは、夫が留守中の城への奇襲攻撃の恐怖に震えていたかもしれません。本能寺の変の後、天守閣から近くの寺に避難をし、身を隠したとの説もあります。しかし、ねねは黙って隠れ、何もしなかったわけではありません。彼女は、行動しました。

当時のねねと秀吉は、長濱からの転居を考えていました。経済的に急成長を遂げている大坂への移転です。しかし、大坂には寺社勢力の代表格ともいえる、石山本願寺があったのです。石山本願寺は浄土真宗の寺院ですが、寺領（じりょう）と呼ばれる税金が免除された土地を各地に持ち、大勢の門徒を抱えていました。その莫大な財力に加え、公家（くげ）への働きかけ、さらに大名と親交を結ぶことで、一大勢力を築いていました。秀吉の主君だった織田信長ですら、石山本願寺の勢力を鎮圧するのに一〇年以上の時間を要したといいます。

この大坂に、ねねと秀吉は移り住むことを考えていました。

ねねは石山本願寺のトップ顕如（けんにょ）の妻と連絡をとり合っていました。織田と戦った石山合戦で降伏した石山本願寺を丁重に扱ったのです。連絡といっても形式上のことだけではなく、豪勢な品を自らの使いに持たせ、話し合いの場を直接設けました。膨大な数の門徒と財力を誇る石山本願寺が相手とあっては、秀吉軍でもかなうかどうかわかりません。ねねは丁重に贈呈品を送り、顕如の妻との距離感を縮めていきました（『宇野主水日記』天正一一年九月九日条）。

その甲斐もあってか、一五八三年に大坂城の建設が始まり、ねねと秀吉が入城する時には混乱がありませんでした。明智を討った秀吉は、信長の天下布武の遺志を継ぎ、日本列島を自分の管理下に置くプロジェクトを遂行する運びとなるのです。

ねねの相談役になった信長の未亡人

本能寺の変で暗殺された信長の未亡人のうち、ねねの相談役として仕えることになった人物がいます。なべと呼ばれていた女性です。

なべの最初の夫、小倉実房（おぐらさねふさ）（右京亮）は戦死していました。その夫となべの間には二人の息子もいましたが、織田の味方をして亡くなったという事情を知った信長になべは引き取られ、信長との間に、信高、信吉、お振（ふり）という二男一女をもうけました。

なべの連れ子の一人、松千代は、本能寺の変で継父の信長と一緒に命を落としました。本能寺の変はなべにとって、夫と息子の一人を同時に亡くすという最悪の出来事だったのです。そのショックは計り知れないでしょう。悲しみの深さはもちろん、天下人であった信長が謀反にあったことで、行く末を案じて途方に暮れたことでしょう。

しかし彼女は、立ち止まることなく行動しました。夫と息子の菩提寺を崇福寺（現在の岐阜県）と決め、葬式が執り行われるよう手配しました。信長のための法要は別途執り行われていましたが、彼女は個人的な弔いを信長と松千代に捧げ、寺内に二人の位牌を安置したのです。

それは本能寺の変からたった四日後のことでした。なべは自らの印（いん）を持ち出し、文書をこしらえ、崇福寺の住職へ送りました。

上様（信長）の位牌所をしっかりとお守りくださいませ。誰かがこの寺を訪れても、決して入れてはなりません。私からのお願いの証文として、この手紙をお送りします。

（原典は天正一〇年六月六日付 なべ黒印状 崇福寺蔵）

なべから命を受けた住職は、寺の正門に立ち入り禁止を宣言する立て札を立てました。その後、なべは、亡き信長の重臣だった丹羽長秀にも手紙を出して経緯をこう説明しています。

長良（ながら）にご陣所とのことですが、近くにある崇福寺は、信長父子（おやこ）の忌中（菩提寺として喪に服している場所）ですので、私が申し付け、陣取りなどのための立ち入りを禁じる制札を立てました。誰一人として寺内に入らぬよう、あなたの軍のものたちに命令してください。

（原典は天正一〇年一二月推定 なべ黒印状 崇福寺蔵）

秀吉はなべに、八月朔日付で、五〇〇石の領地を安堵しています。今後の生活のための収入となる領地です。おおよそ、人間が一人で一年食べていける量が一石だったと言われていますので、五〇〇石は相当余裕のある量です。本能寺の変は旧暦六月二日で、その二ヶ月後の八月一日には、なべは自活するための収入を保証されました。さらにその後、なべはねねのもとへ引っ越します。小倉実房の妻から信長の妻になり、今度はねねの相談役として人生の第三幕を歩みだしたのです。

ねねと秀吉の手紙のやりとり

秀吉が織田信長の後を継ぐ形で権力者として認められ始めたのは一五八四（天正一二）年半ば頃でした。この年、小牧・長久手の戦いとして知られる、連続した大掛かりな権力争いの合戦がありますが、その陣中の秀吉と大坂城のねねは、手紙で情報を交換していました。二人とも筆まめで、秀吉からの手紙には、次のようなことまで書かれていました。

一六日付の手紙を丁寧に読みました。こちらは、腹の具合も快方に向かい、食事も進んでおります。ご安心ください。

追伸　八月一五日ごろに、尾張で用事があります。ただちに指示を出して、大坂に凱旋する予定です。ご安心ください。

（原典は『豊大閤真蹟集』＃9）

破竹の勢いで天下取りに進む秀吉ですが、実は腹痛を患っていたようです。妻のねねに回復しているのでご安心くださいと繰り返しています。この手紙は全文が残っているわけではないのでその全貌はわかりませんが、この後も、秀吉は他の陣中から、ねねに手紙を送り続けます。例えば、同年のものと推測される手紙には、戦況の説明の他に、ねねと秀吉の家族の名前が見られます。

五もじと八郎より小袖が届きました。とても気に入り、さっそく着ています。また、三助と、家康の人質、石河（川）伯耆の人質、犬山と長島の城主の人質の五人を出すように指示し、おおかたの平定が済みました。

追伸　できる限り早く大坂に凱陣するようにしますので、ご安心ください。お目にかかり、お話をしましょう。

（原典は『豊大閤真蹟集』#10）

「三助、家康、石河伯耆」とありますが、三助は、織田信雄、家康は徳川家康、さらに石河伯耆とは、家康の家臣の石川伯耆数正のことです。この三人と犬山と長島の城主から人質を取り、すばやく講和に持っていき、大坂に凱旋するので心配いらないと伝えているのです。

ここで、秀吉に小袖を送った五もじと八郎は、ねねと秀吉の養子です。五もじというのは、前田利家とまつの四女、豪のことです。豪は秀吉にひときわ気に入られていた娘です。八郎は宇喜多直家の子供で、同じく養子として秀吉とねねのもとで育ち、後に豪の夫となる宇喜多秀家です。八郎の生まれた年は一五七二年なので、この手紙の頃には数え年でおおよそ一三歳くらいです。豪とは二歳違いでした。八郎は、一〇歳の時に実父の直家が没してから豊臣家（当時の姓は羽柴）に来ているため、幼い頃からの養子だったわけではありませんが、この手紙が書かれた時は二人とも子供で、まだねねと一緒に暮らしていたのでしょう。

実子はいないが養子縁組で母になる

養子といえば、戦略の一部として名目上の縁組のことが多いですが、このように実際に一緒に住んで育てられることもあります。ねねと秀吉には子供がいませんでしたが、ねねは養子・養女の縁組をした子供たちと住んでいました。

縁組には、政治上の策略を含めた様々な事情があり、必ずしも養子受け入れ先の親と同居するわけではありません。また、大人になって、便宜上籍を移すこともありました。

ねねと秀吉は子供がいないことで知られていますが、実はたくさんの養子と養女に囲まれて過ごしていました。秀吉の姉の息子、のちの小早川秀秋も「金吾」という幼少名で呼ばれ、ねねに大事に育てられます。ねねは、母として、大坂城で子供たちと暮らしていたのです。

さて、「返し書き」と呼ばれる追伸にはまたしても、ねねに安心するようなだめるフレーズがあります。織田、豊臣、徳川が対峙したこの合戦の近況がねね宛に直通で送られていることは、たいへん興味深いことです。合戦は男同士がその武力を競ったのみではなく、遠くから見守る妻も陣中ではありませんが、本拠地の城内に残って状況を把握していたのです。

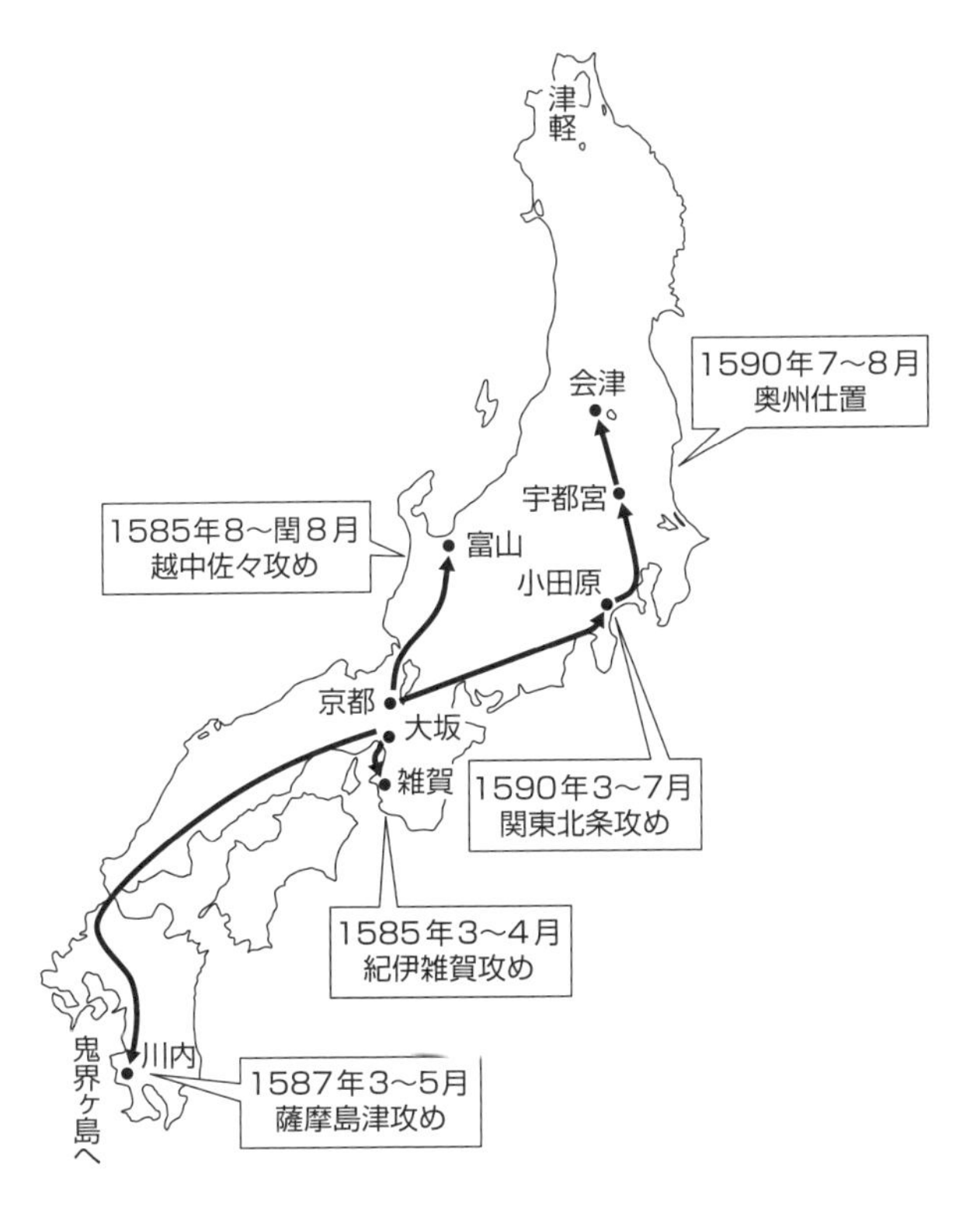

秀吉は日本各地に遠征していた。その間、ねねは大坂城におり、手紙などで状況を把握していた

参考：黒嶋敏『天下統一：秀吉から家康へ』（講談社現代新書）二〇一五

北政所となり社会的地位を確立

この戦いが終結した後、秀吉は天皇家の関白、つまり天皇を補佐した行政の権利を持つ官職につきます。秀吉は将軍職への着任は辞退したのですが、どうして征夷大将軍にならなかったのでしょうか。

理由はいくつかありそうですが、ねねにとっては夫が関白になることは、将軍になることよりも有難い選択でした。実は、秀吉が関白になることにより得をするのは、秀吉の妻ねねなのです。なぜならば、秀吉の関白就任とともにねねは「北政所（きたのまんどころ）」という摂関家の正妻の呼称が与えられ、同時に、従三位（じゅさんみ）という極めて高い官位を得ることができます。二人とも、もともとは低い身分で、由緒ある家系の出身ではありません。ところが秀吉が関白になると、ねねの社会的地位も公家となり目に見える形で確立されていくのです。

秀吉が関白になり、ねねが北政所の称号で知られるようになった一五八五（天正一三）年、ねねは推定で、数え三八歳、秀吉も数えで五〇歳くらいになっていました。この頃までにねねは読み書きができるようになり、自筆の手紙が現存しています。天正一三年の日付が入った手紙は次のとおりです。

薬師堂の建立のため千五百貫をお送りします。今後、寺領には毎年百石ずつ、お送りします。その通り、間違いのないようにお受け取りください。

（原典は『北政所消息の研究』#11、『豊大閤真蹟集』#116）

薬師堂を建立するために一五〇〇貫を与えることを証明するこの寄進状は、一五〇〇貫の後は、毎年一〇〇石ずつ送ることを約束している証文でもあります。この手紙には、「祢」と自分の名前の字母がサイン代わりに書いてあります。名前の最初の一文字を書くのは、公家の女性に多く見られるもので、他の女性の名前の記載例では「西向」であれば「に」だったといいます。つまり、ねねは、関白の正妻の北政所として、公家の女性の慣例に従う形でサインをし始めたのです。

京都にも住まいを持つ

関白となった秀吉と北政所となったねねは、一五八七年には京都にも屋敷（聚楽第）を構え、独自の統治形態をいっそう強固なものにしました。京都には、天皇家や皇族、さらに、神社仏閣の住持が、天皇を中心とした旧体制を保ちながら暮らしています。ねねと秀吉は、将軍家として武士の頂点に立つことで統一を成し遂げるのではなく、日本に古くからある朝廷や皇族の権限をうまく利用しながら、統治者としての力を伸ばしていきました。そして一五九〇年頃までには、日本列島の大部分が豊臣の政略網の中に入ることになります。

第二講　安定した暮らしを守るために

一五九〇（天正一八）年、ねねのまなざしは、海外にも向けられていました。

一六世紀後半にはポルトガルからの船が日本列島に上陸し、大坂にもイエズス会の宣教師や商人たちが到着していました。ねねは秀吉が大坂を離れ戦をしている間、天守閣にいて留守を守っていただけではなく、ポルトガルから来た宣教師たちとの接点も持ちました。

宣教師たちが伝えたねね

一五九〇年当時、イエズス会の宣教師は秀吉を高く評価していました。彼らはヨーロッパに送った報告書で、「羽柴筑前殿（秀吉）は、戦争においても平和の際にも、その為すことはことごとく成就し、日本人の談によれば、その偉大さ、ならびに領土の広大さは、前任者（織田）信長を凌駕した」。大坂城の城郭は五つの天守があり、「それらのうちもっとも主要な城（本丸）に秀吉が住んでおり、その女たちも同所にいた。八層から成り、最上層にはそれを外から取り囲む廻廊がある。また、濠（ほり）、城壁、堡塁（ほうるい）、それらの入口、門、鉄を張った窓門があり、それらの門は高々と聳（そび）えていた。これらが秀吉自身、ならびにその武将や側近の家臣たちの住居であった。旧城の城壁や濠は、このようにすべて新たに構築された。そして宝物を貯え、武器や兵糧を収容する多数の大いなる地下室があった」（『完訳フロイス日本史4』49〜50頁）と記しています。

そればかりではありません。宣教師たちは、「関白（秀吉）は、大坂周辺二十ないし三十里以内にいる全領主たちに対し、おのおの禄高に応じ、毎日しかるべき数の船に石を積み送るようにと命令した。堺の市だけでも、毎日二百隻の石船を送るよう厳しく割り当てられた」とその事情を知っていました（『完訳フロイス日本史4』92頁）。

彼らがねねともコンタクトしていた証拠に、着物の上に着る絹やビロードの羽織など、舶来品がギフトとして贈られていました。ビロードとは、一四世紀から一六世紀にかけて、ルネサンス期のイタリアからヨーロッパ各地で流行した織物のことです。ヨーロッパ産のものもあれば、中国で生産されたものもあります。ねねがいた大坂城には、中国風の刺繍の上着に加え、一〇着から一二着ほど、ヨーロッパから届けられた上着が飾ってあったとのことです。

ねね所有と伝えられるビロードマント。着物を着た当時の女性像を覆す品
(名古屋市秀吉清正記念館蔵)

そう伝える宣教師の報告書には、まぐだれな、からら、るしや……ねねの侍女なのに、日本人の名前ではない者がいます。かららとはClaraのこと。るしやとはLuciaのこと。そのほかにも、Monica（もにか）、Julia（じゅりあ）、Maria（まりあ）、Catarina（かてれいな）、Vrsula（うるすら）、Martha（まるた）、Paula（はうら）に、Ana（あんあ）……。日本に来ていたイエズス会士ルイス・フロイスの記録によると、大坂城にいた貴婦人や女官の中には、五、六人のキリシタンがおり、その既婚婦人のうちの一人がマグダレナだといいます。

侍女マグダレナから情報収集を行なっていた

彼女はねねの侍女で、とても信心深い女性でした。キリスト教の祝日になると、大坂城を出て大坂の教会のミサに行っていました。彼女のおかげで普段は城の外に出ないねねでも、キリスト教関連の情報を聞き、城下町の様子も知ることができたといいます。それだけではありません。マグダレナは秀吉をも交えて、イエズス会宣教師のことや、彼らが信じる宗教について語り合っていました。

大坂城にいた侍女は、秀吉とねねの生活の補助のためだけにそばにいたのではないようです。城の中にとどまらず城外で何が起こっているのかもねねに伝えていて、城にいながら外の状況を把握するために、侍女たちの場外での活動は貴重な情報源になっていました。

情報収集とは地味な活動ながら、かなり価値の高い作業です。現代でも新聞を読んだりインターネットでニュースを読むことをはじめいろいろありますが、教育も、企業での戦略も、まずは情報を収集して状況を把握しないことには、何ひとつ進みません。ねねの場合も普段の情報収集がその後おおいに役に立ちました。ねねのこれからの生き方の基盤は、北政所として暮らしたこの安定期に培われていったのです。

ねねは人種差別など、現代でも社会に残る偏見（racism あるいは、外国人嫌い xenophobia）を、強く持っていなかったようです。宣教師たちは、日本での宣教活動に秀吉の特許状が必要と考え、どうやって秀吉に頼むべきかを考えました。直談判は難しいと判断したらしく、ねねに頼むことを思いつきます。彼らの作戦をフロイスの『日本史』はこう書いています。

（特許状を得る方法について）種々討議されたが、結局（大坂）城内にいるキリシタンの婦人たちに本件を話し、関白夫人（北政所）を味方にひき入れる以外に良策はないと考えられた。彼女らは一方ではキリシタン宗団のためにその実現を大いに希望しはしたが、他方関白夫人に相談する機会を見出し、彼女を介して関白から特許状を得られるよう説得する手段を見出すことは少なからず困難であると見なした。なぜなら関白夫人は異教徒であり、神（カミ）と仏（ホトケ）の熱心な信奉者であったので、この要求はその信条に反することであった。そのうえ城内にはデウスを知らず、そのような偶像をひたすら崇拝している異教徒の婦人が三百名もいて、その高い身分および資格によって、関白夫人ならびに関白から重んぜられていたからである。

しかしデウスの強力なる御手はそれらの支障を克服する術を有し給い、人力をもってしてはとうてい及ばぬと思われたことを容易に遂行させ給うた。さらに驚くべきは、関白夫人がこの件に大いに関心を持ち、用務を引き受けるために乗り気となり、関白の機嫌がよい時には機を逃すことなく、再度と言わず関白にその話を持ちかけ、上記の特典（特許状に書く内容）を懇請する機会を窺っていたらしいことである。しかも彼女はいっそう良く伴天連らの希望を叶えさせようとして、ある夜密かに教会に人を遣わし、自分が作ったもののようにして関白に示そうと思うと言って、希望どおりの形式の特許状（下書き）を作成されたいと伝えしめた。

（『完訳フロイス日本史4』113〜114頁）

教会に出入りしていた女性たちの詳細な報告には、仏教徒として知られているねねの、意外に寛容な面が書き残されています。

さて、ねねは、秀吉に特許状の下書きを持っていくことができるのでしょうか。フロイスは「かくてついに彼女は件の特許状のことで関白の許に罷り出た」と記しているので、続きが気になるところです。キリスト教の福音を了承し、税金を課税しない特許状を出すのでしょうか。

（秀吉は）同じ内容の特許状を二通作成して伴天連（宣教師）に与えようと述べた。その一通は伴天連らが日本を布教のために巡回する時のものであり、他の一通はインドとポルトガルへ送るためのもので、二通ともに彼は署名した。このようなことは極めて稀有のことに属し、ふつうの場合には彼の書簡や許可状は朱印が付されただけで発せられていたのである。
関白夫人は、このようにして関白の決裁を得、その署名が付された特許状を大坂にいた副官区長（コエリュ）師の許へ届けさせた。

（『完訳フロイス日本史4』115頁）

普段は印を押して終わりですが、この時は秀吉のサイン、つまり花押（かおう）付きで特許状が送られたといいます。お礼に、宣教師の中でも「副管区長」として日本で指揮をとっていたガスパール・コエリュが大坂城に向かいました。秀吉は自ら「親愛の態度」をもって司祭を迎えたといいます。ねねは、姿を現しませんでしたが、侍女を通して伝言しました。

関白夫人は、この時までまだ伴天連たちと会話を交えたことも逢ったこともなく未知の間柄であったが、城の高いところから二度にわたって二名の高貴な婦人をコエリュの許に遣わし、幾つかの果物を届けさせた。そして伴天連は異国の人であり、そのような人から頼まれたことを初めて成し遂げることができて満足に思うとともに、今後も求められれば伴天連たちのために尽力を惜しまぬ、と伝えさせた。

（『完訳フロイス日本史4』116頁）

ねねの力添えもあり、宣教師たちは一五八七年、日本での布教活動をさらに加速させていきます。

経済的な自立をはかる

ここまで紹介してきたとおり、ねねと秀吉は夫婦で一組のペアのように団結していながら、お互いにお互いへの影響力を持っていました。その一方で、ねねは個人として生きていける財力をつけていきました。夫がいるにもかかわらず彼女は経済的にも自立していくのです。

女性に収入があるのが一般的でないのであれば、ねねの領地の確保に際して反対や反発があったのでしょうが、実際のところ、この頃には女性の土地所有はある程度一般化していました。なべが未亡人になった時に、秀吉は五〇〇石を保証したと前述しましたが、他にも、城主の妻や娘、城主家に仕える女性たち、天皇家や公家の女性にも収入がありました。ただ、ねねの場合、管理した土地の大きさが群を抜いていたのです。彼女の領地は一万石を超える広さでした。正確に合計すると一万一石七斗。ちょうど一万石を超えるように計算され

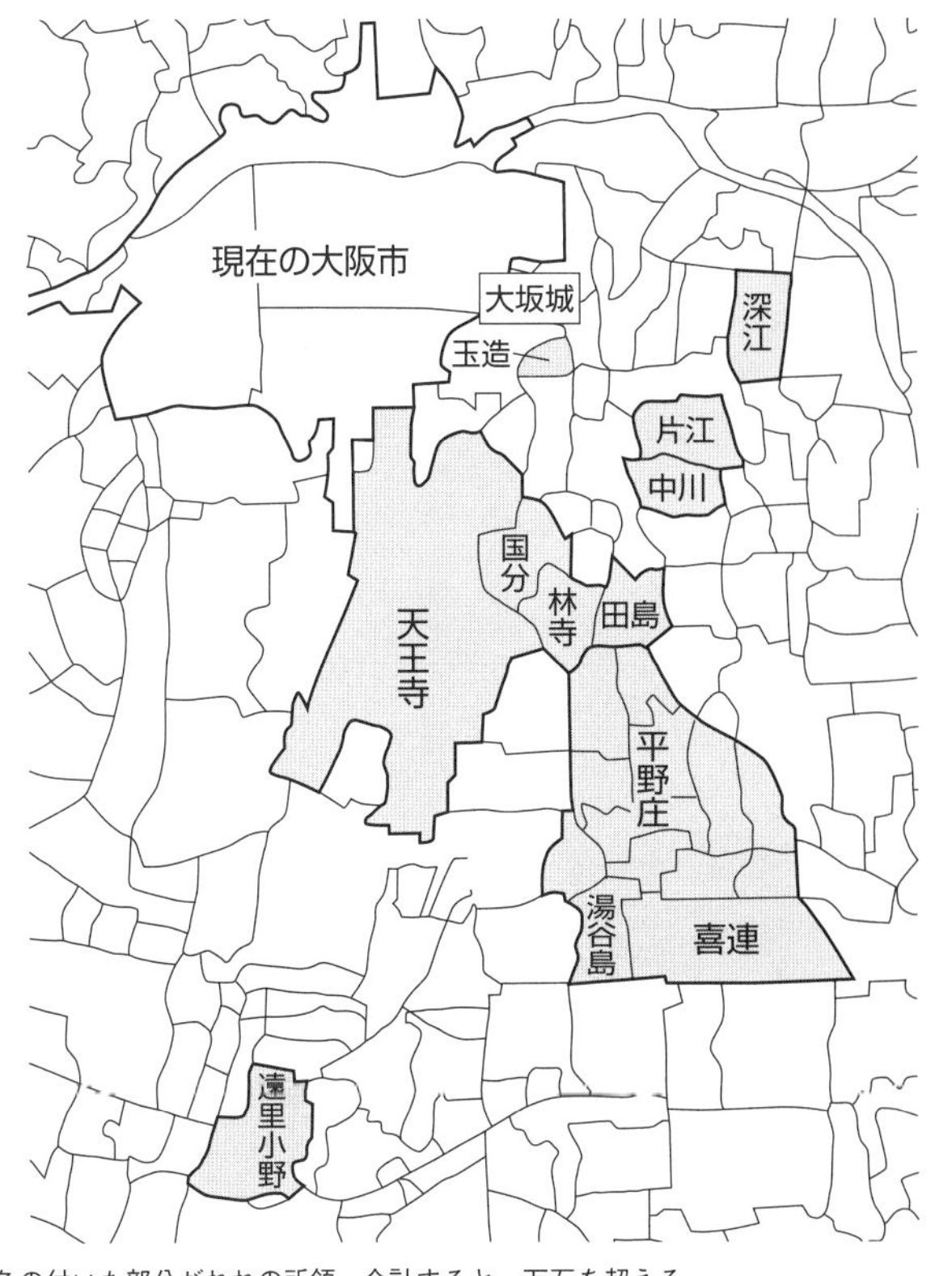

色の付いた部分がねねの所領。合計すると一万石を超える
参考：山陽新聞社編『ねねと木下家文書』（山陽新聞社）一九八二

たかのようです。

一五九二年に、ねねが収入を得ていた地域は、大坂城の周辺です。地図で見ると、ねねは大坂城下を包み込むように、天王寺、平野庄、国分、林寺、湯谷島と、かなり広い地域を所有していたことがわかります。大坂城の南のほう、お城近辺から南部へ向かって、かなりの地域がねね名義の土地として与えられていました。

所領の中でも、大坂城の防衛の面から見ると、天王寺が極めて重要な場所でした。もうひとつ、玉造という村は、違った意味で重要でした。細川忠興(ただおき)、前田利家、浅野長政、さらに千利休といった豪勢な面々が住居を構えていた地域で、商業的な利益よりも人的な関わりという点で、この居城地の地主であることに意味があったのです。

新興商業地となっていた大坂は、ますます発展していきます。大坂と京都の南のほうにある伏見に繋がる道、江戸方面へ向かう道、それぞれの方面へ物流網が張られていきました。大坂からの水陸の交通を要に、人も物も各地に往来していきます。その後、海運は日本海と太平洋に広がり、人々を日本の外の世界へ誘っていきました。

側室とねねとの関係

秀吉とねねの信頼関係の構築はこれまで述べてきたとおりですが、側室と正妻のねねの関係はどうだったのでしょうか。次の手紙が、その関係を知るのに適したものなので、長文ですが、現代語訳で一通り読んでみましょう。一五九〇（天正一八）年四月一三日に、秀吉が北条氏政、氏直を相手に小田原に詰めている間に、ねねに送ったものです。まずは、ねねが小田原へ使いの人を送っていることへの感謝から始まり、ねねに戦況を伝えます。

何度もこちらに人を送ってくださいました。とても嬉しく思います。小田原では、敵を二、三重に取り巻き、堀や塀を二重に作り、誰一人として逃さない方針です。特に、坂東八国（相模、武蔵、上総、下総、安房、常陸、上野、下野）の者達は籠城しているので、小田原を乾殺し（餓死）にすると、奥州までの地域を平定したことになり、とても満足に思います。日本の三分の一に価するものなので、この場面で、辛抱強く、長い時間がかかっても、しっかりと指令をすることで、この先末長く天下のためによいことをしようとしているので、今回は剣を振るい、長丁場の戦に持ち込み、兵力も食料も金銀もつぎ込んで、名前が残るようにしてから、凱陣する予定ですので、ご安心ください。このことは、皆々へも伝えてください。

追伸　早々と敵を鳥籠に入れている状態なので、危ない目にはあっておりませんので、ご安心ください。若君が恋しいですが、行く末を見据え、天下を穏やかに平定すべきだと思います。会えない恋しさもありますが、どうかご安心ください。私は、灸も施し、養生しております。ご心配なさらないよう。各々へもこのことを伝え、大名たちに女房を呼ばせ、小田原に滞在するよう言いました。

ねねの心配を和らげるかのように「ご安心ください」という言葉を連発しています。そして、「淀の者」として茶々が出てくる次の部分で締めくくられています。


説明したようにここに長く陣取ることになりますので、そのため、淀の者を呼びたく思います。あなたより、しっかり指示をだして、前もって用意をさせてください。あなたの次に、淀の者が自分の気に入るように親切に扱ってくれますので、どうか安心して召し寄せてください。淀へも、あなたからの指示で、こちらに呼んでください。我々は年をとりましたが、年内に一度は、そちらに参り、大政所にも若君にもお会いしようと思っていますので、どうかご安心ください。

（原典は『豊大閤真蹟集』＃24）

長期戦になるので、茶々を小田原に呼んでほしいというのです。ねねからもよく言い聞かせ、前もって準備をさせるように、と。ねねの次に茶々が気に入っているので「派遣してほしい」。ねねの指示で人を送るように、と。つまり使者、侍女などを陣中に送っていましたが、ねねは茶々を送っていなかったのです。この手紙で、秀吉は名指しで茶々を小田原に送るように言っていますが、ねねに気を遣ってあくまでも「ねねが一番だよ」と書いてから茶々をよこすようお願いしています。

さらに、自分も年をとったが、今年中に一度はねねのもとに戻り、実母と若君に会うようにするので、安心なさってくださいとねねに言っています。手紙は一五九〇年四月一三日のものなので、数え年でねねはおよそ四三歳、秀吉は五五歳の頃です。ちなみに、茶々は一五六九（永禄一二）年誕生説にのっとると、数えで二二歳でした。

若君とは、茶々が産んだ秀吉の男児、鶴松のことです。一五八九（天正一七）

年五月二七日生まれの鶴松はねねの管理下にありました。その証拠に、鶴松に宛てた手紙では、秀吉がねねと茶々を「両人の御かゝさま」と呼んでいます。茶々が遠くへ出かける時の面倒をみるだけではなく、正式には、鶴松は正妻のねねの子供とされていたのです。

家族に心を寄せる秀吉

さて、小田原では、かなりの長期戦を見据えていたようで、四月の時点で「年のうちに一度はねねのもとに帰る」と言っています。一夫多妻制の戦国の世の中、人間関係・家族関係は、現代の常識とはかけ離れたところにあるようでいて、現代人が共感できる、普遍的なところもあったようです。心配するねねをなおざりにしない、優しい一面が残る夫婦のやりとりが見て取れます。

その手紙からおおよそ一ヶ月後、小田原攻めは長丁場になると言っていたとおり、秀吉からの報告によると、なかなか苦労をしている様子が窺えます。

丁寧なお手紙をいただきました。まるでお会いしているかのような心地で、隅々まで読みました。小田原の状況ですが、堀際から一町のところに仕寄りを作る指示をしたことで、敵は一段と窮地に立ち、降参するに違いありませんでしたが、さらに干殺しを指示するよりほかは望まなかったので、取引をせず、早々と、出羽奥州の者まで、出仕させました。早速、城もたくさん取ったので、ご安心ください。若君、大政所、豪姫、金吾、そしてあなたが元気でいると聞き、嬉しく思います。いっそうご養生ください。

追伸　私のことはご安心ください。さっそく御座所の城も、石倉ができている次第で、台所もできているので、そのうち、広間と天守を建てるように指示します。いずれにしても、今年じゅうには平定を終える予定です。ご安心ください。必ず年内にそちらに参り、お目にかかり、つもる話をしようと思います。どうぞ待っていてください。きっと、若君は一人で寝ていることと思います。

（原典は小山文書、『太閤書信』#70）

「仕寄り」という言葉が出てきますが、これは戦の専門用語で、攻めている城に接近する行動のことで、そのために必要になる構造物のことも仕寄りといいます。小田原では城からの攻撃から自分たちの軍を守るため、仕寄りが作られました。かなりの攻防が続いていて、秀吉は和解に持ち込まず、攻めに攻め、兵糧攻めをもって、降参させる方針を打ち出していました。「御座所の城」とは、一夜城として知られる石垣山城のことです。

実子の鶴松、実母の大政所、養女の豪姫、養子の金吾、それに正妻のねねが元気にしていることを嬉しく思うという部分は、ねねが送った手紙に、それぞれの近況が書いてあったことを示しています。ねねは、家族を守って、大坂にいました。秀吉も、ねねと家族を心配して、返し書き（追伸）には「必ず年内にそちらに参り、お目にかかり、つもる話をしようと思います。どうぞ待っていてください」と、前回と同様の約束をしました。

第三講　苦難の時を乗り越える

「人生山あり谷あり」という諺がありますが、ねねの人生にも、苦難が重なる時期があります。最高の官位を持っていても、北政所という立場があっても、それでも人生全てがうまくいくわけではありませんでした。

子供たちの夭折と深い挫折

長期戦になった小田原攻めのあいだ、ねねは鶴松の世話をしていました。城には他にも同居していた養子がおり、この時期まで、ねねは妻としてだけではなく母としても多忙な暮らしをしていました。本拠地を大坂としながらも、京都の別邸である聚楽第にも足しげく通い、行動範囲を広げます。ねねが京都に滞在中の一五九〇（天正一八）年八月、秀吉は手紙を送りました。

お姫の具合が少しよいと聞き、嬉しく思います。きっと良くなっているに違いないと思います。丁寧に看病してあげてください。また、若君は機嫌良くしていますか。手紙で返事をください。ここの状況が安定したら、すぐに京都に戻る予定にしています。

追伸　お姫は随分よくなっていますか。何度でも手紙で報告をくださ い。油断はしていないとは思いますが、どうぞよく指示をだしてください。鶴松にも伝言を頼みます。

（原典は里見文書、『太閤書信』#74）

養女の一人、お姫が病気だったようです。回復に向かっていることを、喜ばしいと言いながらも、もっと手紙を送るよう催促しています。

彼女は、織田信雄（のぶかつ）の長女で一五八五年くらいに生まれています。すぐにねねと秀吉の養女になり、ねねのもとで他の養女とともに育てられていました。お姫はその後、徳川家康の後継ぎとなる秀忠と一五九〇年に数えで六歳で婚約しています。織田の血を引き、豊臣の娘として育てられたお姫ですが、徳川に嫁ぐ頃になっても病気から回復せず、一五九一年、七歳で夭折（ようせつ）してしまいます。

お姫は織田、豊臣、徳川の連立の要になるはずでした。お姫が生きていれば、歴史は確実に変わっていたでしょう。

さらに、お姫が亡くなってから一ヶ月も経たない八月二日、ねねが育てていたもう一人の子供で若君と呼ばれていた、秀吉と茶々の息子の鶴松が、病に冒されます。神社仏閣には病気からの回復を祈る祈禱のための寄進（きしん）が送られ、即座に大規模な祈禱がなされました。しかし、その甲斐なく、三日後の八月五日に鶴松は息を引き取ります。数えで三つでした。

ねねはどうやって立ち直ったのでしょうか。大きな悲しみの中、跡取りと縁組を駆使した政治的な計らいも狂い、ねね、秀吉、ともに想定外のシナリオを進むことになります。

朝鮮出兵に反対する

娘と息子を失った後、ねねと秀吉の夫婦の距離はだんだん広がっていきます。秀吉が、朝鮮半島、中国大陸へ進出する野望を抱くのですが、ねねはその計画に反対でした。しかし、秀吉はねねの諫言も聞き入れません。

九州の博多は、大唐（当時の中国の明朝）と、そのさらに西にある南蛮国（ヨーロッパ）の船が着くところでした。秀吉はその博多に城を建設する必要があると判断し、築城を始め、さらに、高麗国（当時の朝鮮）に軍を送ります。

しかし、ねねは、断固として他国への侵入に反対でした。

ねねは義理の息子に当たる後陽成天皇にかけ合い、勅旨を出してもらいました。義理の息子というのも、秀吉は関白になる前に、近衛前久の養子になり、「名家の公卿の息子」として関白になった経緯があります。その後、近衛前久の娘の前子がねねと秀吉の養女となっており、前子は即位が確定した後陽成天皇と結婚しました。この縁組と結婚により、ねねは、天皇の義理母にもなっていたのです。時の天皇、後陽成天皇は、秀吉に宸翰（天皇の筆跡）を送ります。

高麗国への下向険路波濤をしのかれむ事無勿体候　諸卒をつかはし候ても可事足哉　且朝家のため且天下のためかへす〲発足遠慮可然候　勝を千里に決して此度の事おもひとまり給候別而悦おほしめし候へく候　猶勅使申へく候　あなかしく

（原典は後陽成天皇宸翰御消息　京都国立博物館蔵）

高麗国へ向かうには、玄界灘の大波を越えていかなくてはならず、恐れ知らずです。どれくらい大勢の人間を派遣しても成功するとは思えないうえ、朝廷のためにも、天下のためにも、もう一度、考え直すべきではないかと諭しています。「勝を千里に決して」というのは、中国故事の転用で、優れた画策で勝利を収めるたとえのことです。思いとどまって、案を考えるほうが、自分には喜ばしいと、その思いを伝えるために勅使も派遣しました。

朝鮮に渡ろうというのは、どう考えても無謀なのです。『フロイス日本史』にも、ねねや天皇の他に、悲しむ妻や子供について触れる記述があります。

日本中にシナを征服することが告示されてからは、ある者は船舶を新造し、ある者は遠隔の地でそれを造らせ、他の者は、武器や弾薬を調達し、また は遺産や田畑を処分して仕度を整えるなど、その熱意、工夫、配慮は、いまだかつて見られぬことであった。妻の涙、置きざりにされる子供と家族、こうしたかけがえのない、あまりにも非情な離別が生んだ、深く、そして心の奥底にしみるような悲しみを如実に語ろうとすれば、言語に絶するであろう。

（『完訳フロイス日本史5』193頁）

それでも、秀吉は、諦めませんでした。

ねねと秀吉の距離のさらなる広がり

秀吉は拠点として城を築いていた九州の名護屋（現・佐賀県唐津市）に茶々を呼びよせました。ねねは大坂に残って手紙を出し、返信を待つ日々が続きます。その中で、一五九二（文禄元）年六月二〇日、秀吉からの返信が届きました。

手紙を受け取りました。嬉しく思います。特に、胴服、袴の素晴らしいものをいただきました。とても気に入っています。一日に申し上げたとおり、高麗へは三月になると一段と海の波が穏やかになると聞いたので、来年の春まで渡海を延期します。ここ名護屋で年を越す予定です。高麗へは、早速代官を送りました。名護屋の普請も指示しています。ここに来ているので、一段とさみしくいらっしゃるのではと推測しています。

追伸　高麗へ行くには海の波が荒いので、春になってから渡海いたしますので、ご安心ください。

（『豊大閤真蹟集』＃33）

朝鮮半島への航行を翌年の三月に控え、海の波が落ち着く春まで待つので名護屋にて年越しをするという報告です。小田原の時も長丁場でしたが、今回は、六月の時点で次の春まで待つというのですから、相当長い期間ねねのもとを離れることになります。この時期、もはや一緒に暮らすことは、ねねと秀吉の生活の基本ではなくなっていました。

一段と暖かくなり、寒中のような厳しい寒さではないので、ご安心ください。朝と夜、茶の湯をたしなんで暮らしています。

（原典は石母田文書、『太閤書信』#91）

一五九二（文禄元）年一二月二〇日、大坂にいるねねへの返事として、一段と暖かく冬とは思えないが安心するようにとだけ、ごくごく短い手紙を出しています。朝鮮への遠征も春まで持ち越しとなったので、特に報告すべき事項はありませんでした。対する、ねねからの交信は次のとおりです。

名護屋へ女の能楽師をお送りします。ちぼ大夫をお呼びですので、伝馬を壱疋用意しました。各所で確かに送り届けられるよう取り計らってください。油断なさらぬようにしてください。詳しくは、同行の帥法印が申し上げます。

（原典は北政所黒印状　山口長井家蔵）

ねねは、自らの印を捺印し、手紙というよりは通行許可証のような役割をした正式な書面を作り、大坂から名護屋へ「ちぼ大夫」という名の女能楽師を送っています。この長旅の途中で通る赤間関(あかまがせき)の奉行にねねから秀吉の伝馬が確かに届くように、このような書面を持たせたのでした。

ねねが、女能楽師を名護屋に送ったのが一五九三年二月一二日のこと。次の手紙は、三月五日に秀吉からねねに宛てて書かれたものです。内容はいたってシンプル。能を十番覚えたというものです。ちぼ大夫が教えたのでしょう。秀吉の能に打ち込む様子が見て取れます。

能を十番覚えました。

一、まつかぜ（松風）　一、おい松（老松）　一、みわ（三輪）

一、ばせお（芭蕉）　一、くれは（呉羽）　一、ていか（定家）

一、とおる（融）　一、かきつばた（杜若）　一、たむら（田村）

一、（欠）

合計して十番であります。

右の十の能を、よくよく重ねて練習しております。

（原典は大橋文書、『太閤書信』＃97）

秀吉からの手紙を待つ日々

ねねと秀吉は離れたまま春が訪れ、朝鮮へ進軍した後、一五九三（文禄二）年五月二〇日にねね宛に手紙が来ました。いつものとおり、戦況の報告から入ります。

明朝より謝りに勅使が名護屋へきたので、箇条書きにして渡しました。その事項に従い、存分に条件をのめば、そのまま許すことにし、明国、朝鮮、他国を任せ、凱陣する予定です。ただし、高麗に城の普請を指示しているので、今しばらく、時間がいります。七月か八月には必ずお目にかかる予定ですので、ご安心ください。

最近は、少し風邪気味でしたので手紙を書きませんでした。これが風邪から回復してから初の手紙です。また、二の丸殿が妊娠したと聞きました。喜ばしいことです。自分は子供が欲しくなかったので、ご了承ください。太閤の子には鶴松がいましたが、死んでしまいましたので、二の丸殿の子とだけしておけばよいのではないでしょうか。

（原典は『豊大閤真蹟集』#36）

中国の明朝（大明国）からの勅使が名護屋に来たので、講和のための条件を箇条書きにして渡した。明朝側が、秀吉が提示した条件を受けるのならば、明朝と朝鮮をおさえて凱陣するようにする、とねねに伝えています。しかし、朝鮮に城を普請するためにはもう少し時間が必要になるので、すぐには引き返せない。七月か八月には必ず帰るので、ご安心くださいと付け加えています。毎度のことですが、予定はいつも延びてしまうようです。

追伸では、最近、手紙を送っていなかった理由を説明して許してもらいたいという雰囲気です。咳風邪で、その間は筆をとらなかったと。第二点は、二の丸、つまり、茶々が妊娠したことを聞き、めでたいと思うという内容なのですが、原文では「われ〳〵は、子ほしく候はず候まゝ、その心得候べく候」という部分があり、自分は子供が欲しくなかったのだから、その点、了承してほしいというのです（ここにある古語の「われ〳〵」とは、我々ではなく、秀吉自身のことを指しています）。また、鶴松が他界したことを持ち出し、第一子の若君を亡くした悲しみを引きずっている様子も見せています。

さらに同年六月九日にも、

明朝よりの詫び言が届きましたので、高麗も一緒に許すことにし、十月頃には必ず絶対お目にかかります。ご安心ください。

（原典は『豊大閤真蹟集』＃37）

と、中国の明朝より謝罪があったので、朝鮮も一緒に許し、一〇月頃には必ず帰ると伝えています。しかし、この「詫び事」があったというのは、秀吉の誤解でした。朝鮮で大名たちが苦戦している中、秀吉には本当の戦況が伝えられていなかったのです。しかし、ねねには明朝より謝罪があったと報告されたので、明にも朝鮮にも勝ったように伝えられたのです。

騙されたままの秀吉は、「和議七ヶ条」という明国と和議を進めるための条件を提示します。それは明朝の皇帝の娘を日本の天皇の后妃とすること、貿易を進めること、朝鮮の領土の南半分を日本領として割譲すること、朝鮮の王子が人質として日本に来るということなど、上から目線の条件を書き連ねたものでした。どう見ても、勝った側の申し出です。この和議七ヶ条の素案「勅答書翰之写」は、ねねにも送られていました。

我が子同然の金吾への思い

さて、秀吉が遠征して一年以上の月日が流れた頃、ねねと秀吉の手紙交換はなおざりなこともあったらしく、一五九三（文禄二）年の次の手紙の冒頭は、ねねからしばらく手紙が来なかったことを記しています。

最近は、久しく手紙もなかったので、昔を偲んでいたら、あなたからの手紙が届きました。すばらしく思い、懇ろに読みました。高麗へは三月中に渡海する予定です。また、唐からの詫び言を持って来ている勅使も、高麗の舟付き（釜山）まで着いて、便船を待っていると聞きました。もし自分が高麗へ行ったとしても、すぐに凱陣しますので、ご心配なさらぬようにしてください。金吾は一三日にあなたのもとを発ったと聞きました。分かりました。備前の五もじ（豪）が改名したとのこと、満足です。もし男だったら関白にさせるべきところ、女房なのでしょうがないとはいいながら、南の御方ではまだ不足だと思います。太閤秘蔵の子なので、ねねより上の官位を与えたく思います。凱旋したあかつきには、官位を与え、その後、一の官まで与えたいと思います。その心構えで、南の御方を扱ってください。夫の八郎には構いません。位は、太閤と同じくらいにしたいと思います。

追伸　文箱をいただきました。お気持ちもいただき、今に始まったことではありませんが、とても奇特なことと感心しています。ものをつくるのも天下一で、我々の願望はいつもひとつと信じています。

（原典は賜蘆文庫文書、『太閤書信』＃98）

明と高麗に対しての報告は、これまでとあまり変わりません。依然として、三月に渡海し秀吉自ら高麗へ向かうといいます。ねねからの久々の手紙には、金吾が一三日にねねのもとを離れたことが記されています。金吾は名護屋の秀吉のもとへと向かったので、伝える必要があったのでしょう。また、結婚して備前に越した豪が「南の御方」を名乗るようになったことも報告されていました。秀吉はその件を了承し、豪にはそれでも足りないくらいだと言いました。太閤秘蔵の子で特別にかわいがった娘なので、ねねよりも上の官位を与え太閤くらいにすべきだと言っています。八郎は、豪の夫、宇喜多秀家のことです。

追伸の文章は秀吉からねねへの褒め言葉の中でも、随一のものです。「今に始めざる事と申しながら、奇特にて候。ものたくみも天下一にて、願望も一と存じ候」（今に始まったことではないといえ、素晴らしい。ものづくりも天下一のあなたとは願望もひとつだ）と書き添えています。ねねの才能に敬意を払う秀吉の思いが込められた一文です。

しかし、一三日に出発した金吾が二〇日に秀吉のもとに着き、ご機嫌なためのねねの様子を秀吉に話したようです。

早々と見事な能小袖が届きました。色々紋柄のついたもので、気に入っています。とても好んで着ています。皆に見せると、一段と褒められました。気に入っており、満足しています。金吾は二〇日に名護屋へ着きました。人数も多く連れてきており、立派だったので一段と褒めました。金吾が大坂であなたに暇乞いの挨拶に行くと、あなたの機嫌が悪かったこと、金吾が頼んでいた出陣道具が少しも整っていなかったことを聞きました。何たることだ！　あなたが可愛がらなければ、誰が可愛がるというのですか。これからは、一段と愛しがり、太閤が頼りにしている者として、どんな用事も聞きなさい。特に、あなたは子を持たないのだから、金吾だけを子供と思い大切にしなさい。もっとも、金吾にとってみれば、あなたが愛しがらないことは、あなたが優位を保つにはしょうがないことですが、世間の面目を保つためにも、可愛がる心得でいなさい。あなたが愛想なくふるまったと聞き、あまりにおかしく思います。あなたからの手紙の返信として、公用百貫文、百枚の白金、胴服、扇、掛け袋を二つ、白丁を二つお送りします。返事を書いて送ってください。

追伸　今後は、金吾のことを自分と同然に愛しがってください。次第に、金吾の覚悟がよい形で固まってきたら、自分の隠居分も与えようと思っています。少しも物惜しみすることなくいる心得でいなさい。

（原本は武家事紀古案、『太閤書信』＃99）

金吾は、武具や道具が整わず、母のねねは機嫌が悪かったと、秀吉に報告したのです。金吾は豪と同様に、ねねのそばで育った養子です。秀吉は「何としたる事にて候や。可愛がり候はでは、誰やの人か可愛いがり候はんや」（何たることだ、ねねが可愛がらなければどこの誰が可愛がってやるというのだ）と憤慨しています。さらに、「そもじは、子持ち申さず、金吾ばかりと思ひ候て、大切がり候べく候」（あなたには、実子がいないのだから金吾だけを実子と思い、大切にするべきだ）と語気を強めています。ねねからかなり冷淡な扱いを受けたと金吾は言いつけたのでしょう。返し書きにまで、自分と同程度に金吾を大切にするようにと書いています。金吾は、自分の財産を引き継がせる立場の者だとまで言い、ねねに自分たちの間の子供を大事にしていってほしいと念を押しています。妊娠中の茶々が産む第二子の誕生を待つ間も、ねねとの養子のことを大切に扱っています。

では、どうしてねねは、金吾に武具を揃えてあげなかったのでしょうか。

戦場に赴く息子を見送る母の気持ちは、身がちぎれそうな思いに違いありません。どんなに高価な武装を渡しても、戦で我が子が死ぬかもしれないと思うと、ねねは金吾を見送りたくなかったのではないだろうかと思えます。金吾を着飾って送らなかったのは、秀吉の朝鮮出兵への反発だったのかもしれません。

秀頼の誕生

一五九三（文禄二）年八月三日。九州の名護屋で戦況を眺めている秀吉から朝鮮出兵の状況が記された手紙がねねに届きました。予定では、八月中に高麗を制覇し、九月一〇日頃名護屋を出発し、ねねのもとに二五日、または二六日頃に帰り着くとしています。そのため、ねねから送られてきた侍女や使者も、八月一〇日頃に帰途につかせる、と。戻った時の準備ができるように、と書き送りました。

高麗の城の普請も出来つつあることを聞きました。兵糧も送るよう、さっそくしっかりと指示をしました。今月中には平定が整う予定ですので、九月一〇日頃に名護屋を発ちます。あなたのもとへは、二五日か二六日ごろには参ります。（二六日には）早々と凱陣の準備をするので、安心していてください。あなたからの使いの者たちも八月一〇日頃に返します。また、二の丸殿（茶々）の妊娠もめでたいことです。やがて凱陣した時には、積もる話をしましょう。必ず九月中には凱陣します。

追伸　九月二五日か二六日には大坂へ参ります。どうぞお待ちください。ゆるゆる抱き合って、お話をしましょう。

（原典は『豊大閤真蹟集』#38）

「二の丸殿の妊娠もめでたいことです」とありますが、実は、この手紙が書かれた日に、茶々は男児を大坂城で産んでいます。その日のうちに、九州の名護屋まで情報が伝わるとは考えづらいので、茶々の出産はまだ知らされていないのでしょう。秀吉は、凱陣して九月二五日か二六日には、ねねと「ゆるゆるだきやい候て、物がたり申すべく候」と、甘い言葉を書き残しています。

しかし、男児が生まれたことを聞いた秀吉は、この手紙でねねに伝えている九月の凱陣の予定を早めることになります。出産の知らせが届いた後、八月九日付の手紙が次のものです。

早速、松浦が人をよこしました。満足しています。あなたからお礼を申し上げてください。きっと松浦が子を拾って、早々と知らせをよこしたに違いありません。ですから、この子供は「拾い子」と名付けられるべきです。下々のものまで「お」の字もつけずに呼ばれるべきです。名を「ひろい」としなさい。やがて凱陣しますので、ご安心ください。

追伸　子供の名前は「ひろい」とするべきです。こちらを二五日に出発します。やがて参りますので、お目にかかり、お話をいたしましょう。

（原典は『豊大閤真蹟集』#39）

一五九三（文禄二）年八月九日、松浦重政が使者を送り、茶々が男児を出産したことを報告しています。伝達が速かったので、ねねから重政にお礼を言うようにと伝えています。男児の名前は「拾（ひろい）」となりました。棄子、拾い子はよく育つという諺（ことわざ）から縁起をかついでいます。どんなに下の身分の者でも、「お」を付けずに「ひろい」と呼ぶべきだと秀吉は言っています。産んだのは茶々でも、その子供の命名はねねがするように伝えているのです。正妻としてのねねの立場は不変でした。

夫の運命に殉死した妻たち

この赤ちゃんには、年が離れた兄弟がいました。

兄弟とはいえ、ひろい（のちの秀頼）との関係は少し複雑です。ひろいの兄の秀次は、秀吉の姉の息子で、秀吉の養子として豊臣に迎えられました。秀頼は秀吉の実子なので、秀次と秀頼は兄弟とはいえ、父親と母親がきょうだいという従兄弟の関係。年も二五歳くらい違います。

秀頼が生まれる前、秀次は秀吉の跡継ぎとして扱われていました。大坂ではなく、京都に建てられた豪邸、聚楽第で妻や侍女たちと暮らしていたのです。しかし、秀頼が生まれてから、秀吉との関係も次第に悪化し、最終的に、秀次は切腹して己の命を絶つことになってしまいます。

悲運の秀次の死後一五日、さらに彼の妻や子供らにも処刑が言い渡されます。新政権のトップにいた豊臣秀次。秀次の跡継ぎの子供たちのみならず、妻たちも連座させられます。およそ四〇人の命が奪われました。後継問題回避のための殺人が行なわれたのです。人の命の扱いという点では、最低で野蛮です。
そして、無念にも処刑されることが決まった時、秀次の妻たちは、辞世の句を詠みました。

つまゆへに　くもらぬそらに　あめふりて　しらかわくさの
つゆときえけり

ひとりひとりの女性が、辞世の句を残しました。

つまゆへに　さかりのはなとおもふみも　ふかぬあらしに　ちるぞ　物うき

「妻だから」死ななくてはならないと、自分の命の意味を辞世の句に託しているというのです。

ときしらぬ　むしやうのかせの　さそひきて　さかりのはなの　ちりてこそゆけ

（原典は『大かうさまくんきのうち』）

風が吹いて花が散る様子に自らをたとえた彼女たちは「妻として」死んでいったのです。どの句でも繰り返されているのは、周りから見た彼女たちの命の意味。彼女たちには、本当はもっと言いたいことがあったはずですが、どんな無残な処刑も、時の権力が行なったことであれば正当化されてしまうのです。ここでは「妻だから死んでゆくのだ」という社会的な価値観を含めた句が歴史の一ページに書き残されました。次期豊臣政権の中枢にいた「妻たち」は、悲しくも、虚しくも、「妻である」がゆえ生き残れなかったのです。

秀吉の死

一五九七（慶長二）年、戦い続ける日本軍を朝鮮に残し、秀吉は朝鮮に渡航しないまま京都に隠居のための城を造り、九月に秀頼という名を得た息子ひろいとともに転居しました。この城は京都新城と呼ばれ、内裏の仙洞御所内に造られたものです。

その翌年、一五九八年。ひろいは、数えで六歳になりますが、秀吉は病床に伏してしまいます。

ねねは病床の夫に伏見で付き添い、早期回復のために、神社仏閣に祈禱を依頼します。ねねの相談役の一人、孝蔵主が書いた手紙に、秀吉の病の回復を願うねねからの伝言があります。

上様（秀吉）へのご祈禱のことですが、奉行衆より申しあげているように、念入りにお願いします。ご祈禱を頼みたいと、北政所さま（ねね）より、よくよく申し上げるようにとの事です。手抜かりはないと思いますが、何一つ油断なく、祈禱をこまかになさるよう、このことを心得え、皆にこの手紙をご披露ください。

（原本は『義演准后日記』第一　263頁）

この依頼を受け、本腰を入れて祈禱を行った醍醐寺の座主の義演には、その翌日、秀吉の具合が少しよいことが伝えられました。

それでもまた数日後、秀吉の病状は悪化します。

秀吉は遺言で、前田利家、毛利輝元、上杉景勝、宇喜多秀家（八郎）、徳川家康を五大老として、まだ幼い秀頼が成長するまで、大坂城の天守閣を本拠地として五大老が協力して政権を維持するように、誓約書をしたためました。

死が近いことは秀吉自身にも、誰の目にも明らかなことでした。そこで一五九八年、秀吉の死の直前、次の分配で、ねね、茶々、豪が遺産を取るように指示しました。

一万貫文　政所（ねね）に与える
これは前もって渡す
七千貫文　茶々に与える
七千貫文　豪へ与える

合計二万四千貫文

その他
三千二百貫文 永楽銭
そのうち一千貫文を政所へ
三百貫文は余分の公用銭
合計三千五百貫文

（原典は『豊大閤真蹟集』＃79）

ねねへの分配が一番多く、茶々、豪と続きます。公用のお金が、三人の女性に分配されていくのです。この後、公家や門跡(もんぜき)にも形見分けの金銀が送られています。醍醐寺には金三枚、禁裏、つまり後陽成天皇へは銀子(ぎんす)千枚、後陽成天皇の第一皇子の良仁(かたひと)親王には銀二〇〇枚、後陽成天皇の妻で第一皇子の良仁親王の母には銀一〇〇枚を送り、もともと養子にしていた八条宮には銀三〇〇枚、その生母にも銀を三〇〇枚送っています。また、諸大名には総計で黄金三〇〇枚を配っています（『義演准后日記』第一　２７３頁）。秀吉、人生最後の大盤振る舞いです。

秀吉の死後、ねねはどう動いたのでしょうか。

秀吉が死したのは、一五九八年旧暦八月一八日です。

ねねはかねてから京都の東寺の再興に関わっていたため、二五日には東寺の講堂の建立のための金判を一〇〇枚送りました（『義演准后日記』第一　２９１頁）。さらに、九月一七日には、醍醐寺の義演からねねに自らの門跡領について、侍女の孝蔵主を通じて申し入れをしています（『義演准后日記』第一 305頁）。所領を含めた決定権が一時的、あるいは、部分的に、ねねにあったと考えられます。そして、同日、ねねは侍女から誓約書を取ります。

侍女に誓わせた血判状

一五九八（慶長三）年、九月一七日の誓約書です。まずは、天守閣の宝物を管理していた、よめ、という侍女からの誓いの言葉です。

かしこまり申し上げます起請文のこと

一、上様（秀吉）がお預けになった天守の蔵の物、どの品もひとつひとつただいま帳面に羅列したものに、少しの間違えもございません。

一、上様が信頼なさって大切な物品をお預けになっていらっしゃると理解しておりますので、管理者としてごまかしはしません。

一、政所様（ねね）のことをなおざりにしたりはしません。潔白と忠誠を誓うために起請文を書き、お渡ししますのでどうぞよくご覧になってください。

もしこれらの誓いに反することがあれば上は梵天、帝釈、四大天王、とりわけ、産土の罰を被りこの世では悪い病にかかり、来世にては無間（むげん）の地獄へ落ちることになります。

慶長三年九月一七日　よめ　（血判）

（原典はよめ血判状　大阪城天守閣蔵）

ねねは金銭以外にも、金の茶器なども相続していたのです。侍女のよめは、あらかじめ用意された、現代でいうところの「契約書」に賛成する形で血判を押して、ねねへの忠誠を誓っています。

血判というのは、至極重要な項目を約束する場合に使われます。誓いの固さを証明するために、自ら指に傷をつけて、血で捺印します。取り決めがとりわけ重要な責任を必要とする際、血判というスタイルでそれを示しました。古来、女性の血は穢（けが）れているとされ敬遠されることもあったといいますが、よめは血判を捺印し、宝物の管理や、「政所様（ねね）のことをなおざりにしたりはしません」と誓ったのです。

よめだけではありません。

もう一人、同じように血判を差し出した女性がいます。彼女の名前は、ちよほといいました。

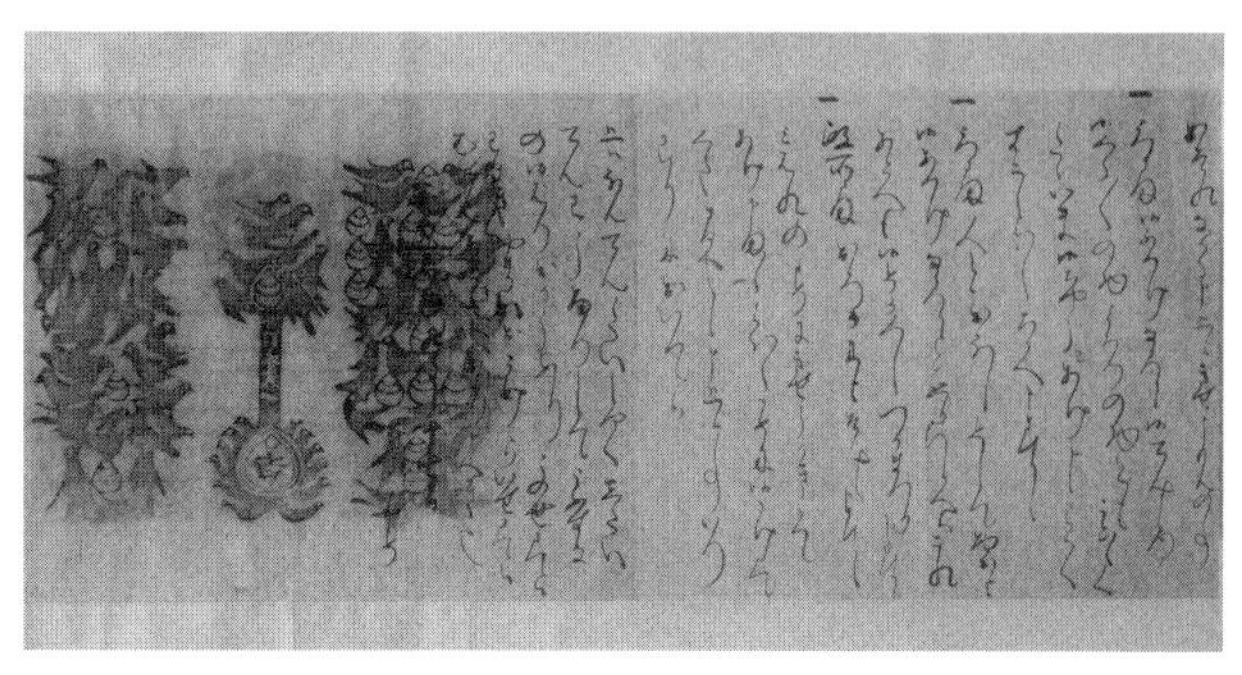

血判状。写真はよめのものだが、ちよほの血判状も同様の体裁（大阪城天守閣蔵）

一、上様がお預けになった茶の湯の道具、中国からの品をはじめ
一、黄金の碗、折敷、黄金の茶の湯道具
一、お馬の鞍皆具、どの品もお預けになったものと少しの間違えもございません。
一、申し上げるまでもございませんが、政所様（ねね）のことをなおざりにしたりはしません。
もしこれらの誓いに反することがあれば上は梵天、帝釈、四大天王、とりわけ、産土の罰を被り、この世では悪い病にかかり、来世にては無間の地獄へ落ちることになります。

慶長三年九月一七日　ちよほ　（血判）

（原典はちよほ血判状　大阪城天守閣蔵）

よめの誓約書を書いたねねの右筆（ゆうひつ）が、ちよほの誓約書の文面も書いたらしく、二枚の血判状の筆跡は全く同じです。よめやちよほは金品を管理するので裏切られたら困るため、事前にねね側が誓約書をこしらえ、彼女たちに血判を押させたのでしょう。ねねはこうやって、侍女たちの誓いを目に見える形で契約書として保管し、夫亡き後の事態収拾に入りました。

第四講　変化に対応し、何度でもやり直す

秀吉が握っていた権力は、次第に一人の人間に傾いていきます。五大老の一人だった徳川家康です。最終的に家康の優位が世間にも知られるようになるのは一六〇〇年を目前にした頃です。ねねは秀頼と茶々のいる大坂城にも出入りしましたが、徳川家康の息子の秀忠とも親しくしていました。

大阪城から京都新城へ

徳川秀忠は幼い時に、ねねと秀吉の養女のお姫（織田信雄の娘）との婚姻が組まれており、結婚していれば、ねねは、名目上の義理母になるはずでした。しかし、お姫は七歳で夭折しており、その後、茶々の妹で、ねねと秀吉との養

女になった江（ごう）と結婚します。お姫亡き後、もう一人養女を取り、徳川家との繋がりを強固なものにしたのです。

ねねにとって、徳川が天下を取ることになんの問題もありませんでした。秀忠の義理母になる準備は、すでにできていました。

しかし、一五九九（慶長四）年旧暦九月二六日。秀頼と茶々を残し、ねねは大坂城を離れ、京都新城に移ります（『舜旧記』同日条）。武家の未亡人としてではなく、公家の一員として、皇居内の京都新城で過ごすことにしたのです。

引っ越したねねの代わりに大坂城に入ったのが、徳川家康です。豊臣秀頼の後見人という名目はあれども、すぐに、秀頼と茶々をはじめとする豊臣家との仲が悪くなり、その不仲の情報は、京都にも噂として伝わっていきました。

ねねは、依然として北政所と呼ばれながら、公家として能を鑑賞し、神楽という宮中芸能を催したりしていました。家康がついに大坂城を出て伏見に移ったのは、一六〇〇年の旧暦七月一三日。五大老として秀頼を後見してきた他の大名たちも、それでは約束が違うではないかと、連名で家康を糾弾する文書を出します。ここから、大名の分裂が始まります。秀吉の死から二年が経ち、あの時したためた誓約書の力が弱くなってきたのです。

五大老の一人、上杉景勝が家康を追って伏見を攻撃したことで、戦が戦を呼ぶ状況に陥っていました。ねねはこの時、豊臣秀頼の母、徳川秀忠の義理母、天皇の義理母という、いわば、無敵ともいえる社会的地位にいました。そんなねねですが、旧暦の七月一〇日、霍乱（かくらん）という日射病にかかってしまいます（『時慶記』七月一〇日条）。京都新城で休む彼女に、戦乱の状況が報告されます。

秀吉の側室龍子を助ける

秀吉の側室の龍子（松の丸とも呼ばれていた）が、秀吉の亡き後、兄である京極高次の大津城に身を寄せていて、城から出られない状況にあるというのです。さらに、兄の嫁である初も一緒だといいます。初は、浅井長政の娘。茶々の妹で、お江（ねねの養女で秀忠の正妻）の姉でした。

ねねと茶々は、龍子と初を助けねばと、それぞれの使者を大津城に送ります。ねねからは孝蔵主、茶々は自らの育ての親の饗庭局（あえばのつぼね）を送りました。自らは戦地へ行かず、尼となって彼女たちを助ける相談役の二人が現地へ向かいました。彼女たちは落城前に到着し、無事龍子と初を救出しました。

しかし、戦いは止まりません。大津城から、火種は関ケ原へと移ります。のちに天下分け目の戦とも呼ばれる非常事態です。その緊迫した戦線で、ねねの甥の浅野幸長（よしなが）とねねと知己である黒田長政から、ねねの養子の金吾に指示がありました。

謹んで申し上げることにいたします。あなたが、どの方を味方しようとしていようとも、今回は、あなたの忠信と礼儀が我々に必要です。二、三日中に、内府（家康）が到着するとのこと、それ以前に決断をすべきです。政所様（ねね）へお望みの通りお仕えしないわけにはいかない我々ですので、このようにお願いしております。早く返事をください。詳しくは、我々の使者から申し上げますので、ご理解いただけると思います。

追伸　急いで忠節をお決めくださると存じています。

（『近世日本國民史11』402〜403頁）

家康に加担するよう、ねねがお望みだというのです。

この文書は、本当にねねの意図に沿ったものなのでしょうか。偽造かもしれません。しかし、ねねが実際に、金吾に家康側についた方がよいと伝えていたということも十分に考えられます。金吾は、ねねが長年育ててきた大事な息子ですから。ねねの意図はわかりませんが、家康に味方しないように見えていた金吾が、結果的にすんでのところで家康側につきました。身を翻して、家康軍に加担したのです。これが、徳川家康が関ケ原で勝利した一因ともいわれています。

関ケ原の戦いから明けた次の夜、ねねは勧修寺晴子という後陽成天皇の実母の家に向かったという記録が残っています（『時慶記』慶長五年九月一八日条）。ねねは後陽成天皇の義理母です。晴子の家に、ねねは駆け足で新城から向かいました。身の危険を感じたのでしょうか。はっきりとした理由はわかりませんが、京都の公家、山科言経は日記に「なんたることか、ねねは裸足だった」とその鬼気迫るシーンを記しています。

そして、合戦終了から三日後。家康に勝利をもたらした金吾が、ねねと勧修寺晴子を訪ねました（『時慶記』慶長五年九月一九日条）。三人は何を話したのでしょうか。残念ながら密室の会話の記録は見つかっていません。

活動の場を広げる

一六〇三（慶長八）年。ねねは、もう一人重要な人物を四月に亡くします。

養母の七曲(ななまがり)です。

育ての親を失ったショックはかなり大きかったらしく、喪に服して、毎月参拝していた秀吉を祀る豊国神社にすら、五月、六月、七月の法要に現れないくらいだったといいます（『舜旧記』五月五日、六月一八日、七月一八日条）。

悲しみからひとまず立ち直ったねねの次のステップは、義理の息子の後陽成天皇から、自ら願い出た「院号」を得ることでした。高台院という所望の院号が宣下されたのは、一六〇三年一一月三日だと『お湯殿の上の日記』に記載されています。その後もねねは、依然として北政所という称号で呼ばれていましたが、本人は「高台院　ね」と手紙にサインするようになりました。

しかし、京都でのねねは、世間と断絶した隠居暮らしを始めたのではありませんでした。京都の町の人に生糸を売っていたのです。

北政所さま（ねね）から京都の町人に売りつけなさった生糸のこと、支払いの銀子を約束のとおり、すぐに取り集めて、北政所さまにお渡しください。従わずに逆らうものがあれば、内府さま（家康）へ申し上げてください。

（原典は足守木下文書、『ねねと木下家文書』126〜127頁）

ねねの莫大な所領は、検地のやり直しに伴うインフレもあり、一五九五（文禄四）年に、当初の一・五倍の一万五六七二石二斗六升になっていました。その土地から得る潤沢な収入に加え、高級品の生糸の売り買いもしていました。この手紙の宛名は、ねねの実兄の木下家定です。もしも町の人が約束どおりに銀子を納入しない場合、兄から「内府様」つまり、徳川家康にも報告すべきとしています。それまでにも、侍女の孝蔵主が絹の帷子（かたびら）を義演への贈り物にした例もありますし（『義演准后日記』第一　238頁）、このほか、一六〇四年一二月九日に、ねねは秀吉を祀る豊国神社の社人全員に中国からの生糸（唐ノ白糸）を送っています。ねねは、京都の生糸の取引に関わり、周辺のものに生糸を使った品物の贈り物をしていたのです。

また、ねねは、京都にいながらにして、大坂の人々との連絡を欠かしませんでした。例えば、一六一三年に大坂城二の丸が火事で焼失した際、名代を送り、無事を確認しています。また、ねねは、このようなことが二度と起こらないよう、秀吉が祀られている豊国神社の分社を大坂城に建設してはどうかと周囲に働きかけています。さらに同じ年の九月一九日、茶々が病気になり食べ物を口にしないため、ねねから僧侶の梵舜に頼み、七日間に及ぶ祈禱が行われます。ねねは、秀頼と茶々も、変わらず気にかけていたのです。

長濱城から大坂城へ。さらに京都の聚楽第や伏見城、京都新城への転居を経て、最終的には、自らの寺まで造っています。しかし、旧恩のある知人や親戚との連絡は絶やしません。財力と行動力に合わせ、手紙や使者を送って連絡をとり続ける習慣が、ねねの生活を支えていました。

戦場で交渉役を担った女性たち

天下統一は、徳川幕府の成立によってひとまず完結し、将軍が中心となり、国としての法的な整備が始まります。また、豊臣秀頼は徳川秀忠の娘の千と結婚をしました。この婚姻をもって、徳川と豊臣の統合を見たと誰もが思うこととなります。

しかし、そううまく物事は進みません。

一六一四（慶長一九）年、家康ならびに徳川の子孫たちは、豊臣を断絶する戦いを始めました。幼かった秀頼も、数えで二二歳の大人になり、大坂での存在感が強まります。そのまま彼の力が強くなり、徳川が攻められることになると、幕府の存続そのものに関わります。予測可能な事態を回避すること、すなわち、秀頼の力を牽制することが当時の徳川政権にとって不可避な選択になっていくのです。

徳川の動きを知った豊臣側も、秀頼の家臣の片桐且元が徳川家康に面会を求めて大坂城を出ます。しかし且元は、駿府城に行っても家康に会わせてもらえません。駿府城では、秀頼本人が他の大名のように定期的に江戸に通い徳川への忠誠の意向を示す、あるいは、秀頼が大坂城を出てどこか違う場所へ住み替えをする、という二つの選択肢が一方的に言い渡されていました。豊臣と徳川の双方が緊急に面会をして和解への協議を進めなくてはならない場面で、面会が叶わないとなると残された選択肢は戦となります。

これが徳川からの最終通告なのでしょうか。

そうはいっても、そんなに簡単に降参できません。茶々は、三人の女性を徳川方へ交渉に向かわせます。

選ばれたのは自分の乳母、大蔵卿局（おおくらきょうのつぼね）、豊臣の重鎮、渡辺糺（ただす）の母にあたる正永尼、重鎮の渡辺勝（すぐる）の姉で豊臣の侍女として大坂城にいた二位局でした。この中で出家をしている女性たちが、駿府にいる家康に会いに行くことになりました。

片桐且元が家康に会えなかったのとは違い、大蔵卿局は面会までこぎつけました（『駿府記』慶長一九年八月二九日条）。でも、そこで何が起こったのか、具体的なことは文書に残っていません。

交渉人たちが大坂に戻った後も、城内では思案が続きました。例えば、大坂城の周りに浪人がたむろしていることから、彼らが豊臣の軍に加担して徳川を攻撃するのではないかという噂を消すため、浪人たちを散らす策や、秀頼自身の居城を替える案なども出ました。さらには、秀頼の実母である茶々が徳川の人質として取られることで秀頼の動きを牽制する案や、大坂城のお堀を埋めるという、いわば目に見えるパフォーマンス型の降参宣言をすることで戦禍を逃れる案もありました。しかし、そうこうしている間に、片桐且元が徳川に寝返ったとの噂も広がり、さらに家康が大坂への出陣を近臣に宣言したとの情報まで持ち込まれます。

噂どおり片桐且元は寝返り、まもなくして徳川家康が京都の二条城に到着し、その日徳川秀忠も江戸を出発し、京都の伏見城へ向かいました。着々と打倒大坂への準備が進められていたのです。京都のねねも、黙って傍観していたわけではありません。一旦は、大坂へ自ら出向こうとしました。しかし何らかの理由で、ねねは途中まで行きましたが、鳥羽（京都市南部）で大坂への道が塞がれており、京都に引き返しています（『時慶記』慶長一九年一〇月二日条）。

ねねが戻っておおよそ二〇日後。徳川家康・秀忠の両軍勢はねねが住んでいた京都で合流し、大坂城を攻略するための作戦会議を重ねます。両軍の集合から一ヶ月が経ち、戦闘が始まる直前には、徳川の軍勢の数は約二〇万にのぼったともいわれています。

徳川が合戦に向けて京都で集結した時点で、交渉の余地はないように思われますが、それぞれの側の使者が直接交渉する機会が実は一度ありました。

両家から出向いた女性たちが話し合いをしたのです。大坂の豊臣からは常高院。徳川からは、阿茶局（あちゃのつぼね）。彼女は、家康の側室で、秀忠の乳母でもあった人です。最初の交渉の時にはいなかった常高院は茶々の妹（初）です。姉の茶々は豊臣に嫁ぎ、妹の江与（江（ごう））は時の将軍徳川秀忠に嫁いでいました。その彼女が、両家の間の会話を取り持とうとしました。まるで、ねねと茶々の計らいで大津城で難を逃れたことへの恩返しのようです。常高院は、豊臣と徳川に分かれた姉妹の運命をかけています。二手に分かれた「身内」を助けるために、自ら交渉の場に身を乗り出します。家と家の仕切りを越え、戦乱を避ける交渉に出かけたのです（『駿府記』慶長一九年一二月一八日条）。

徳川と豊臣の停戦協定

彼女たちの交渉は二日間に及んだといいます。

初日は結論が出ず、翌日に持ち越したものの、前回の交渉と同様、その経緯は記録にありません。フィクションのように、その交渉の様子が描ければよいのですが、実際の歴史はそうもいきません。歴史のあちらこちらに「わからない」とされる部分が空白として残されています。

結局、何らかの交渉を経て、「豊臣側が自ら大坂城の解体をすること」で両者は一応の決着を見たようです。お城の天守閣を残して外堀を埋めることで、豊臣の居城が丸裸になります。命こそとりとめたものの、豊臣側にとっては降参に限りなく近い屈辱を受け入れることになったのです。大坂城は石垣の包囲網を失い、外部からの攻撃に弱い体裁をさらすことになりました。

豊臣側にとって、ほぼ降参を意味する和議の条件を受け入れることになった

徳川家との交渉に赴いた一人、常高院、初の肖像画（常高寺及び、福井県立若狭歴史博物館蔵）

その二日後に、双方の約束事が書面として完成し、わずか三日後に大坂城の解体作業が始まりました。そして、次の手紙が、ねねに届きます。

お慶び申し上げます。今度の祝儀として、目録のとおりの品を早々と送っていただきました。いつまでも末長く和平が続くと、お祝いいたします。詳しくは、大蔵卿から申し上げます。

（原典は豊臣秀頼仮名消息　高台寺蔵、『高台寺の名宝』１４８頁）

ねねが秀頼に送ったお祝いのお返しです。「今度の祝儀」というのは、和議の成立を祝した品のことと思われ、この手紙は、ねねが目録とともに贈り物と手紙を秀頼に送った、その返信です。

正月四日に書かれているこの手紙。大坂冬の陣での和議でも活躍した大蔵卿局が、この手紙と目録の品を持ってねねのもとに出向いており、彼女から何か詳しいことが直接伝えられたのでしょう。

数ヶ月後、豊臣秀頼の番頭役だった青木一重（かずしげ）と四人の女性、大蔵卿局、二位局、正永尼、そして常高院が、駿府の徳川家康を訪れました（『駿府記』慶長二〇年三月一三日から一五日条）。前年の不作で年貢が不足しているので、近くの土地を大坂に与えられるようお願いしています。そこには、日本の統一を成し遂げた豊臣としての威厳はなく、大坂城内外の困窮ぶりを反映するかのような切実な要求でした。

家康は、領地の分与については、江戸にいる将軍秀忠の意見を聞くようにと一団を軽くかわし、名古屋へ向かいます。名古屋城主、家康の九男の義直の婚儀のためです。旧暦の四月一〇日のことでした。

名古屋城の宴では、家康と豊臣側から出席していた常高院、二位局、大蔵卿局と正永尼が再び集うことになりました。この時、豊臣側からの一行に対峙した家康は、大坂城付近にたむろする浪人たちについて、その解散を求め、さらに、二位局と常高院は直接大坂へ帰るよう指示されました。続いて、大蔵卿局、正永尼、青木一重は、京都に向かい、再度家康との面会の機会を待つようにと言い渡されます（『駿府記』慶長二〇年四月二日、一〇日条）。

浪人たちを解散せよというメッセージは、すぐに大坂に届けられましたが、豊臣陣営は浪人を解散しませんでした。その時、豊臣と浪人たちがどれほど困窮していたのかわかりませんが、貧困により、このまま死ぬか、いちかばちかでも戦って機を得るかという、極限状態だったのかもしれません。京都の二条城で合流した徳川家康と秀忠は、待っていた大蔵卿局と正永尼を大坂へ帰らせ、再び大坂から上京していた常高院と二位局にも「三箇条の書付」という言づけを渡し、大坂へ帰します（『駿府記』慶長二〇年四月二四日条）。

大坂夏の陣での覚悟

一六一五（慶長二〇）年旧暦五月三日、徳川の大坂への出陣は、雨が降ったことで、一旦延期になります。天気が回復して出陣した後は、短期戦だったといいます。徳川は大坂城周辺に陣を構え、二方向から討ち入りました。これにより大坂城付近では、二万人もの死者が出たといいます。

城内には秀頼の母である茶々がいました。秀頼の妻も、秀頼の側にいました。その他、豊臣家が抱えていた侍女や別妻、それに乳母や、交渉にも出向いた尼もいたはずです。女性が天守閣の窓から外の様子を覗いていることが、屏風絵にも残されています。一人、二人……八人、九人。

この日、茶々や秀頼に加えて、徳川との交渉にあたった女性たちも城内にいました。大坂城崩壊を迎える直前、最後の使者が城を出ます。

今回出ていったのは、秀頼の妻の千です。彼女は、徳川秀忠の娘で、家康の孫だったので、徳川側から彼女を助け出すための指示があったとも考えられています。

城を出た千の努力は実らなかったのか、はたまた、交渉自体ができる状態ではなく、千が出ていったのは、やはり徳川方から、血の繋がっている千への助け舟だったのか。一六一五年、旧暦五月八日、徳川はねねの所領内の天王寺に

「大坂夏の陣図屛風」（右隻、五、六扇。大阪城天守閣蔵）

「大坂夏の陣図屏風」の一部。大坂城の天守閣の部分を拡大

大坂城の天守閣の窓の部分を拡大。天守閣の窓から、女性たちが戦況をうかがっているのがわかる

陣を取ります。大坂城攻略の要の場所です。

ねねの領地から、徳川の攻撃が一気に始まります。

大坂城には、大きな火の手があがりました。

豊臣側の和睦交渉を成立させようとした者たちは何を思っていたのでしょうか。無念だったのか、くやしかったのか。最期の瞬間に思ったことは何だったのでしょうか。交渉に出かけた女性たちを含め、茶々も秀頼も、この戦いに敗れ、命を落とします。

京都でのねねの地位の確立

ねねに、大坂城落城のことを伝えた一人に、伊達政宗がいます。

政宗は、大坂の陣に参戦した後、京都にのぼり、徳川家康と二条城で面会しています。その一六一五（慶長二〇）年五月にねねが、政宗から連絡を受けました。その返信として書き送った手紙が残っています。

京都においでのこと、めでたく思います。大坂の一件は、なんとも申し上げる言葉もございません。ともかくお手紙を送ろうと思います。また、いつも懇ろにしていただいていますが、遠くにいらっしゃいますので、手紙にてご挨拶をお送りすることもありませんで、心外でございました。今回のご滞在の間、もしも自分に似合いの用がありましたら、何でも承らせていただきます。また、この帷子、二〇着、美しくもありませんが、もしかするとお気に召すかと思いお送りします。まことに手紙のいろどりとばかりにお送りするものです。

（原典は『北政所消息の研究』#19、『豊大閤真蹟集』#130）

ねねは、「大坂の御事は、なにとも申候はんとする言の葉も御入候はぬ事にて候」（大坂の一件は、なんとも申し上げる言葉もございません）と書き、この手紙とともに、政宗に帷子を二〇着送りました。

さらに、大坂の陣の後、京都に立ち寄った秀忠に、ねねは帷子を一〇着送っていました。秀忠も政宗も上洛して京都にいるものの、いずれ江戸や仙台に帰ります。ねねは、豊臣側でも徳川側でもなく「高台院」として、京都では影響力と財力のある人物になっていました。まさにそのような特別な立場を自任していたかのように、京都で何か自分にできることがあれば承ります、と秀忠に表明しています。

将軍様の御上洛、とても素晴らしいこととお慶び申し上げます。万事よきようにお取り計らいいただくよう頼みます。取り急ぎ、見映えのしないものですが帷子を一〇着お送りします。汗取り用に着ていただければ嬉しく思います。

追伸　ご苦労されていることとご推察します。私の身にあったご用があれば承らせていただきます。ご逗留の間にはお目にかかりたいと思います。

（原典は『北政所消息の研究』＃18、『豊大閤真蹟集』＃129）

暑い夏、ねねは高台寺から、自分に適した用事があれば、何なりと承ると言うのです。そもそも秀忠はねねの養女と婚姻関係にあり、ねねとは母子関係にありました。巧みな縁組によって秀頼と同様、秀忠にとってもねねは「母」だったのです。大坂の陣で豊臣は滅亡に追い込まれました。しかし、将軍秀忠が家康とともに京都に凱旋すると、ねねは情勢に従うかのように、「将軍様の御上洛、とても素晴らしいこととお慶び申し上げます」と祝辞を述べているのです。

唯一無二の存在へ

大坂城落城から三年が経った一六一八（元和四）年に、ねねは数えで七一歳になりました。秀吉の死から二五年が経過し、家康もすでに一六一六年に死去しました。秀忠が将軍になってからも随分経ちました。

これまで、日本での通説では、ねねは豊臣側の人間であり、豊臣家の存続に加担するのが当然、あるいは、豊臣を裏切って徳川の肩を持ったとされてきました。しかし、豊臣家の一員である以上に名だたる武将たちの「母」として、財力のある「個人」として、「家」に属さない独立した唯一無二の存在として生きていました。

振り返ると、ねねと秀吉の養女として育てられた女児たちは、後々、ねねの姻戚関係を強めることになりました。たとえば、公家の近衛前久の娘の前子は、秀吉とねねが大坂城にいた頃に養女となり、のちに後陽成天皇と結婚し、皇后として一二人の子供を産みました。ねねは天皇の義理母になっただけでなく、後陽成天皇を継いで即位した後水尾(ごみずのお)天皇の祖母という関係にもなりました。さらに、秀吉とねねの養女として浅井家からやってきた江は、徳川秀忠と婚姻し二男五女をもうけます。この婚姻で、ねねは徳川秀忠の義理母にもなりました。

ねねは豊臣と徳川と天皇家の母として、祖母として、重要な立場を占めていきました。実子がいないことで養子縁組を戦略的に捉え、一夫多妻、結婚と養

高台院（ねね）の肖像画（高台寺蔵）

子のシステムをうまく利用して、自分の子供を持つよりも恵まれた地位に自らを置き続けたのです。

ねねは一六二四（寛永元）年に病死します。彼女が死去したという報を受けると、徳川秀忠はねねの甥に宛てて、江戸から京都にお悔やみの手紙を書き送っています。

高臺院遠行之段　無是非事候
誠痛間敷仕合候
心底之程察思召候也

（原典は足守木下文書、『ねねと木下家文書』129頁）

ねねと徳川秀忠との母子の交流は生涯にわたって続きました。

ねねは生涯、人との繫がりを切ることがありませんでした。現実から目をそらさず自分で筆をとって手紙を書いて、離れて住む人たちとの交流を絶やさなかったのです。

天下統一という波乱の時代を、ねねはしっかりと生き抜きました。

第二部

世界に広がっていった日本のレディサムライ

身分や血縁に縛られず、人脈を作り、変化の時代を生き抜いたねねの姿はレディサムライらしいと思われたでしょうか。秀吉の妻としての凜とした姿や、茶々とのライバル劇は幾度となくドラマ化されてきましたが、彼女の母親らしさはさほど取りあげられませんでした。それどころか、ねねは子供がいない可哀想な女性とされることもありました。私は史料を集める中で、彼女の母性の強さに幾度も心を動かされました。そして、自分の子供たちを守るため領地を管理したり、手紙や贈り物を続けたりといったねねの日々の行動の重要さを知りました。地道な努力の積み重ねが、秀吉の天下統一を支えていたにもかかわらず、歴史の語りから省かれているように思えました。

また、大坂城を出て、交渉に出向く女性たちの姿も印象的でした。背水の陣となった豊臣側が和睦を探る時、彼女たちが武具を着けずに城を出て、直接交渉に出かけた事実は重要です。交渉することで、自分たちの命に加え、何万もの命が助かるかもしれない局面で、武将たちの母は勇敢でした。最後まで粘り強く交渉をしようというその姿勢が、そのまま彼女たちの生き様だったのです。

結果云々ではなく、「行動する」そして「全力で交渉する」という選択自体がどれほど大切か、忘れてはならない歴史からのメッセージだと思います。
反対に、豊臣秀次に関わりのあった女性たちは、政治に翻弄されて虐殺にあいました。世界では、ジェノサイドやホロコーストといった、あってはならない大惨事の歴史を語り継ぐ努力がされています。レディサムライの講演の一部に彼女たちの話を入れたのは、コメモレーション、つまり、失われた命を語り継ぐことで、その尊さを忘れないでおこうという気持ちからです。女性たちの歴史に登場するのは、勝者ばかりではないのです。力なく権力の犠牲となった命の話も大切です。

これまでの海外でのレクチャーの反応は、レディサムライのことを女武者のように立ち回って戦う存在だと思っていたら、随分良い話を聞いたというようなポジティブな評価が多いです。良い意味で期待を裏切っているのです。しかし、もちろん、質問はたくさん出てきますし、違った角度からこの時代を考察するリクエストもあります。ここからは、質疑応答の時間です。海外でのレクチャーから得たフィードバックをもとに、もう少しレディサムライというお話を深めてみたいと思います。

第五講　女性が手紙を書くということ

刀よりも筆を

The pen is mightier than the sword. という英語の諺もあるように、世界各地で書くことは武力に勝ると考えられています。ねねは、おもに手紙のやりとりを通じて人脈を強固なものにしていきました。女性が手紙を書いていたのはいつからなのか、また、どのような手紙の書き方があるのでしょうか。

おおよそ室町の中期頃まで、女性が手紙を書くというのは、京都の朝廷のごく限定された者の仕事でした。朝廷の女房の中には、天皇のご意向などを紙に書いた、女房奉書（にょうぼうほうしょ）を担当する係がいました。天皇は読み書きもでき、書の練習もしていましたが、女房や奉公人が天皇の代わりに奉書するのが通例でした。中には、女房の真似をして女房奉書を書いたと言われている天皇もいますが、一般的には奉書という形で勅令などが発給されました。

位の高い人々の間の手紙はかなり大きいもので、縦は三〇センチから五〇センチ、横は五〇センチから一メートル、それ以上のものもざらにありました。権威を示すためか、たくさんの人に見せるためか、書状は大判の立派な紙でしたためられていました。歴史資料としては、ねねたちの時代の少し前、ある女性が書いた手紙が二五通残っています。彼女の生まれや、どうして女性が手紙を書くようになったのかを、振り返ってみましょう。

寿桂尼が発給した印判状

駿河・近江の守護、今川氏親と結婚した、公家生まれの女性がいました。京都に脈々と続く上流階級の今川家に嫁いだ彼女の本名が記録に残っていないのは残念ですが、父親は中御門宣胤という中御門家の家長で、官位は従一位で官職は権大納言という、極めて高い地位でした。

公家が住む京都から、駿河(現在の静岡県のあたり)に引っ越し、氏親との間に、男女それぞれの子供を授かりました。夫の氏親は、駿河でも、書道や和歌を尊び、頻繁に歌会も催していました。また、京都では、特に仏教の禅宗の五山で使われていた印を押した書状があり、文書に手書きの花押をする判物と、印を打つ印判状があったのですが、今川氏親は大名で初めて印を押した印判状を発給しました。その例を皮切りに他の大名たちもこぞって印を作って、これまでは筆でサインしていた文書に認印として印を押しました。大名たちの間で、印を持つことや印を押した印判状を出すことは、一種の特権として認められるようになり、大流行するに至ります。

結婚から一一年が過ぎた頃、氏親が病に倒れ、寝たきりになってしまいました。大きな領地を持つ、今川の藩のトップが不治の病で床に伏すとなると、後継問題が発生するのは時間の問題でした。

しかし、彼女は黙って、控えていたわけではありません。

まずは、夫が生きているうちに、その権限を名目に藩内の決まりごとを文書にすることにし、その内容を話し合いました。もちろん氏親は病床にあるため、主だった家臣と、氏親亡き後に土地をめぐる訴訟が起きた時にどうするか、家臣間での争いはどうやっておさめるか、考えられるシナリオに対処する方法を藩内の規定として明文化しました。

藩内のことは藩主の一存という独裁的な政治から、家法をもって文治の領域へと移行させたのです。ちなみに、この時にできた今川家の家法『今川仮名目録』こそが、分国法と呼ばれる法律の最初の例となります。

夫の病はそのまま回復せず一五二六年に亡くなってしまうのですが、数え一

虎の入った印。この印は、北条氏の当主の印。寝そべる虎の下には、禄壽應穏（ろくじゅおうおん）という四文字が見える。印のデザインは、個人のものだったり、父から息子に引き継がれたりもした（『国史大辞典 12』吉川弘文館）

四歳で跡を継ぐことになった自分の子供の今川氏輝の代わりに、彼女は自らの印を使い、印判状を発給し始めました。もちろん、当時、そんなことをした女性は稀でしたが、同時代を生きた公卿の山科言継（やましなときつぐ）は、彼女のことを大方殿（おおかた）と敬意を込めて呼んでいました。彼女のことは京都でも忘れられていなかったうえ、女性が印判状を発給するからといって、問題になった様子はありませんでした。

現代の日本では、「女戦国大名」などとも呼ばれていますが、当時から女大名だったわけではありません。夫の死後剃髪し、寿桂尼（じゅけいに）という院号を使い、自らの印を持ち出し認印として使うことで、効力のある文書を作り上げたのです。印を打つのは社会的に力のある人の証拠ですから、書面の上で男性より弱い女性という立場を覆す道具として、自分のサインではなく印を使ったのです。

寿桂尼の場合、夫の死去からおよそ三ヶ月後、領地内の土地を安堵する文書に朱墨で印を打っていたことが確認されています。一般的に、朱印は黒印よりも上級とされていました。天下人が朱印を打っていたのも、そのためです。それからさらに二年後、氏輝が花押を添えた文書を出せるような年に成長しても、寿桂尼の朱印状はなくなりませんでした。その上、女性らしく仮名交じりで書かれることが主だった文面も、当時の男性が書き言葉として使っていた漢文を使用した朱印状もあるのです。例えば、次の文は、今川の統治する駿河で掘り当てられた金山で働く者への荷物の運搬を保証する漢文の朱印状です。

富士金山江上荷物五駄　毎月六度　甲州境目雖相留　金山之者共為堪忍分
不可有相違　若甲州へ於通越有之者　堅所被加成敗　仍如件
（原典は『戰國遺文 今川氏編 第一巻』＃515）

金山から採掘される砂金には相当な価値があります。労苦に報いるための物資を間違いなく運ぶことは藩主の重要な役目でした。その重要な役割を、彼女は朱印状を発給することで、滞りなく遂行しました。朱印状の発給は一五六四（永禄七）年まで続きました。

第一部でも、織田信長の未亡人となったなべは、信長が使っていた朱墨ではなく、黒の墨で印を打ちました。印判状は、非人格化といって、手紙を人から独立させる効果を発揮します。それまで手書きの花押を入れた判物は個人の分身のように扱われました。例えば、感謝状にサインをすると、心がこもった手紙になります。しかし、文書として事務的な伝達事項を伝えたり、命令調で文書を送る時は、認印のほうが効果があったのです。印判状は、女性が書き送る場合にも、女性であるという事実よりも、上から下の者への命令であるという面を強調することができました。ねねも、比較的大きいサイズの四角の用紙を使い、右筆（ゆうひつ）が書いた文面に認印という形で黒印を押していました。印は公的な文書、特にお金や物資を扱うものに押されたり、量が間違っていないかどうかを確かめる検印のような役割もしていました。ねねが生きた時代には、判物も印判状も頻繁に発給され、手紙が情報交換の手段として重宝されるようになっていたのです。

　手紙について、補足的にはなりますが、起請文（きしょうもん）と呼ばれる誓約書もその形態が定型化されていきます。秀吉の死の間際、五大老が秀頼を後見人として守っていくことを誓った際にも使われましたが、ねねが侍女から取った誓約書にも「熊野牛王符（くまのごおうふ）」という特殊な用紙が用いられました。熊野牛王符という起請文は、特に秀吉に好まれて使われた神札（しんさつ）です。八八羽の烏（からす）が文字を形作っている印が押されているのが特徴で、全国の熊野神社から発行され配られていました（そもそも、なぜ烏かというと、烏は熊野権現の使いであるとされ、約束を破ると烏が一羽死に、本人も血を吐いて死に、地獄に落ちるという言い伝えがあったからです）。

熊野牛王符を翻して、誓約事項が箇条書きされ、約束を破った際の処罰を書いた罰文が続きます。ねねの侍女のよめとちよほの血判状が男性のものと唯一違うのは、誓える神様が少なかったことです。戦いの神など、男性を守る神はごまんといたので、男性の誓約書には数ページにわたって神の名前が並ぶこともありました。しかし、よめとちよほの血判状には「梵天、帝釈、四大天王、産土」のみが記されています。

第六講　女性たちは武器を手に戦ったのか

女騎の記録

次に多い質問は、実際に武器を取って戦った女性がいたかについてです。

大学の授業では、戦国時代以前の話もしますから、巴御前（ともえごぜん）をはじめ、着物で戦う女性が軍記物の中に勇敢に描かれていったことを知ったうえで、女性の戦への参加の実際のところが気になるようでした。

源平の乱や応仁の乱をはじめ、戦国時代以前の女性の戦への参加は、女武者や女騎（めき）として記録に残っています。軍記物のジャンルに限って言えば、創作された女騎が頻出するのですが、他にも『園太暦（えんたいりゃく）』という、南北朝時代の公卿の日記には、「女騎多し」と、室町幕府軍の中枢に多くの女騎がいたと記されていますし、縁起絵巻と呼ばれる比較的空想描写が少ない歴史資料にも、足軽の女性が描かれたりしています（一三五三（文和二）年旧暦六月三日条）。

ねねの時代だと、『信長公記』という信長を中心に据えた一代記の一五巻に「諏訪勝右衛門の女房、刀を抜き切って廻り、比類なき働き、前代未聞」といった具合に女武者が登場します。また、実際の史実として『フロイス日本史』に残っている目撃証言もあります。一五八九（天正一七）年、小西行長が肥後天草の本渡城を攻めた時、天草家の女性たちは城に籠もり、「倒された城壁の入口から敵が侵入してくるのを妨げようと、勇猛果敢な戦いを演じ、敵に多大な損害を加え、また多くの危ぶまれがちな戦闘において、その勇気によって勝利を収めた。濠はその箇所では彼女たちが殺した敵兵で埋まるほどであった」といいます（『完訳フロイス日本史12』29頁）。

戦った記録もありますが、数として圧倒的に多かっただろう女性は捕虜です。生け捕りとして人質にされたり、奴隷のように売られたり、略奪婚をさせられたりしたのです。戦闘する女武者と化した女性の例も、奴隷や捕虜となった例も実際にありますが、戦闘をすることが強い女性かというと、私は違うと思います。実際に戦場に行った女性で、武力を用いずに戦いを止めるに至った例を紹介します。

輿に乗って戦場へ出向いた女性

現在の山形県のあたりに位置する出羽国（でわのくに）でのことです。出羽国には、山形城を代々引き継ぐ最上家と米沢城を本拠地とする伊達家がありました。

ライバル関係にある両家は、余計な争いを避けるために、古来子供たちを結婚させ、両家の血を引く子供を持つことで和平を保っていました。伊達家の輝宗は、最上家に生まれた女の子を正妻にすべきとの政治的な縁組がなされ、二人は結婚し、米沢城で暮らすことになります。

一五六四（永禄七）年、結婚により山形城から米沢城へ移り、東館に住んだことから彼女は「お東（ひがし）さま」と呼ばれるようになりました。最上家の出身であるというアイデンティティを保つ形で、「最上さま」とも呼ばれたといいますが、英語で書くなら、Lady Higashi か Lady Mogami となるでしょう。ただ、伊達に嫁いだからといって、嫁ぎ先の伊達家のやり方・考え方に全面的に染まるわけではありませんでした。政略結婚としての役目を果たすため、生まれた家、最上家の人間として、両家の繋がりを末長く維持することこそが、彼女に期待されていたことなのです。

最上家と伊達家を繋ぐ二人は、子供に恵まれました。一五六七（永禄一〇）年、東は数えで二〇歳くらいで、長男の政宗を出産。その間、実家の最上家の家督を継いだ二歳上の兄、最上義光（よしあき）とも、連絡を途切れさせませんでした。

政宗が数えで一八歳になると、伊達輝宗は隠居し、輝宗の持つ家督は政宗が継ぐというシナリオが濃厚でした。安定した二人の結婚は、安定した家同士の関係を保ち、最上家から嫁いだ東の子、政宗が伊達家の当主になることで、物事が円滑に進むはずでした。

しかし、一五八五（天正一三）年、輝宗は東北は陸奥国（むつのくに）の二本松家との争いで、戦死してしまいます。東は当主の正妻という立場から、突然未亡人になってしまったのです。「夫亡き後」という状況は歴史では常套句ですが、東も夫の死から並々ならぬダメージを受けます。亡き人は記憶として残り、長い時間、生き残った者の心から消えません。残された東の心のダメージを知るすべはありません。当時、彼女は三七歳か三八歳くらいで、息子の政宗は数えで一八歳。東は落飾（らくしょく）という剃髪を施して尼となり、保春院（ほしゅんいん）と名乗るようになりました。

領内の危機は、その三年後にやってきます。

一五八八年。同盟関係にある大崎氏の内紛に端を発し、政宗と母の兄である最上義光の軍が睨み合います。政宗が義光をはねのけるのか、義光が政宗に勝利するのか、いずれにしてもどちらかが命を失うという厳しい状況でした。保春院にとっては、息子と兄が直接対決するのだから、いてても立ってもいられません。

息子を失うも、兄を失うも、いずれにしても堪え難いことです。まして、息子と兄が相討ちになったら、最悪です。保春院は、ここで、どう行動したのでしょうか。黙って、戦況を見守ったのでしょうか、それとも……。

どういう展開になるか予想してみてください。「保春院が軍を率いて、戦場へ向かう。そして、保春院が自ら当主としてトップに立ち、息子と兄を従える構図を作るのではないか。保春院が、剣術や弓などを使って進軍する」と予想するかもしれません。

しかし、実際は違うのです。最上家と伊達家の架け橋として生きてきた保春院は、武力に頼りませんでした。

彼女は戦場に自ら出向き、両者と手紙をやりとりし、和睦へと導いたのです。和睦とさらりと書きましたが、とても力のいる仕事です。武力ではなく、対話で解決することを常に模索していたのです。

それだけではありません。「戦場に、自ら出向き」という部分ですが、大軍を従えて馬上で登場したわけではありません。公家の女性が京都で上流階級に属する者のしるしとして用いていた輿を使って、武器を持たずに入場したのです。

和睦のため、戦場で直接対話

さて、保春院が戦場で交渉にかけた時間は、どれくらいだとお思いになりますか。

A）三日
B）一週間
C）一ヶ月
D）二ヶ月半

授業や講演会で聞いてみると、一週間くらいかな、あるいは交渉ごとは難しくても、一ヶ月経てば無理になるか、物事が進むだろうと、AかBに多くの人が手を挙げます。しかし、実際の交渉期間は、七〇日から八〇日ほどだったといいます。したがって、Dの二ヶ月半が正解です。

二ヶ月半とは、かなり長い時間です。むしろそうやって粘り強く時間をかけ

「輿」や「駕籠」という乗り物について、海外で説明する際には、ニューヨークのメトロポリタン美術館蔵の屏風などをスライドで見せる。輿という場合は、車輪がついていないものを指すことが多い
（メトロポリタン美術館蔵）

たからこその成果でもあったのです。保春院はこの時のことについて、次のような発言をしています。

「現状のように横合い（和議の成立）が延びてしまいますと、仲介者としても嘆かわしいです。第一に、人質の返還に時間をかけていては、和睦する意味がありません。私は、自ら輿を寄せ、繰り返し人質返還の催促をし、人質を早々に受け取りたいと心に決めています。輿を寄せたのは、自訴（自分で決めたこと）です」（『大日本古文書 家わけ 第三』、伊達家文書379号）。

この人質は最上家からのもので、息

子側の伊達家が人質の解放をしぶっているというのです。保春院は、人質の件からじわりと説得をすることを試みます。上流階級の出身ですから、保春院自身も手紙を書く教養を持っていますが、上流階級の習わしで、右筆といわれる専属のライターである侍女に手紙を書かせ、息子の側近に宛てて送りました。彼女たちの時代、高貴な身分の人には直接手紙を出さず、その人の側近へと手紙が届くようアレンジするのが通例だったのです。母から息子へといえども、例外ではありませんでした。

その右筆の選出にもひねりを入れて、保春院は右筆として手紙を書く係に、政宗の乳母を選びました。

生母と乳母の連合軍からの手紙には、息子も参ったことでしょう。さすが母子というやりとりが、文面にも次々と現れます。例えば、政宗が「輿で現れるなど無益だ」と言い放ったらしいと知ると、母は、そんな発言は俄然無視する覚悟であると言い切ります。「何をおっしゃる」と、輿で戦場へ行くことを諦めなかったというのです。

そして母は、息子への説得を続けます。「よくよく、こちらの意見を聞き入れてください。私が交渉を途中で止めれば、無事のこと（和睦）は成立を見ないでしょう。その点をよく塩梅（考慮）したうえで、あなたのお考えを聞かせてください。ここまで言えば、政宗も、私が輿で現れることに反対するとは夢にも思いません」。彼女の決心は固く、輿に乗って戦場へと向かったのです。

四〇歳を超えた彼女が決めたことは、息子にも止められませんでした。

それでは、兄の最上義光は、妹の行動に、どういう反応をしたのでしょうか。

「本件で、自分は無事（和睦）に応じるつもりはありませんでした。しかし、こちらに直々においでになりましたので、取り成しいたしました」（『大日本古文書 家わけ 第三』、伊達家文書381号）。保春院が輿でやってきた、その行動に心を動かされ、和睦に応じることにしているというのです。そして、証文、つまり、和睦の内容が書かれた確かなる文書を作って送るようにと、話を進めます。早速、保春院は、各方面に文書や起請文と呼ばれる宣誓書を作って、送り返しました。

保春院にとっては輿に乗って、身の危険を冒してでも、止めたい戦だったのです。母として、妹として、そして、両家の架け橋として。
武器を持たず、手紙を介した説得で戦を止め、和睦を実現した保春院は立派でした。

我々の名は

保春院が和睦の仲介をした一件は、成功に終わり、噂として藩の外にも広がっていきます。その件について、兄の最上義光は、保春院に直接報告しました。

去年、伊達のお母様（保春院のこと）が義光に憚りながら、仲介なさったことは、内輪のことでした。しかしながら、最上、伊達の間に入り、七十日だったか八十日だったか交渉なさったことは、既に関白秀吉、そして家康までもお聞き及びです。

藩内での揉め事とはいえ、秀吉も家康も知っているくらい広まっていると。結果的に和睦を誇らしく思うようになっていたと、彼は続けました。

この石のような首尾（堅く結ばれた和睦）により、たとえ人の命の定めのない世の中で、お東さま（保春院）、政宗、義光のうち、皆、もしくはそのうちの誰かが死んだ後までも、我々の名は朽ちることがないと信じております。

（『大日本古文書 家わけ 第三』、伊達家文書328号）

自らの妹、政宗の母が輿に乗り、戦場に現れ、和睦の仲介をすることは、恥どころではなく、三人の名を残す歴史の一場面となったことを、義光は感じていました。

この手紙が書かれたのは、一五八九（天正一七）年。秀吉が日本の統一まで、あと一歩というところまできていました。一五八五年に惣無事令と呼ばれる、大名間の紛争など私的な戦争を禁じ、平和を保とうという命令が秀吉から天皇の名をもって発給されていました。内輪の揉め事での戦いは、いわば規則違反になるところでした。そのため、東北からの内紛の情報は、秀吉や家康が納得する形で決着しており、至極望ましいことだったのです。

第七講　日本の「大坂」のイメージを屏風で伝える
――ドバイにて――

　さて、ここまでハーバード大学の授業を中心に話を進めてきましたが、近年、レディサムライの講座は、大学のクラスの枠を超え、講演会や文化交流の場にも進出するようになりました。大学生の場合は三ヶ月以上かけて日本史を学ぶため、ある程度時間をかけて日本史を説明することができますが、一般向けの講演は、だいたい六〇分から九〇分で話をまとめなくてはなりません。日本史を学生に教えるという目的を超え、広く人々にシェアされる物語として覚えていてもらえるよう、いくつかのエピソードに絞って、お話をすることになります。武器を取らない強さや、行動を起こすことの素晴らしさ、そして地味ではありますが、毎日の習慣の大切さなどを語るようにしていますが、講演の会場によっては、話の始め方を変えたり、補足説明が必要な点が出てきたりします。

ドバイでレディサムライはどう捉えられたか

まずは、ドバイでの講演の時のことをお話しします。

二〇一七年のはじめ、思いがけず、中東のアラブ首長国連邦からの講演依頼をいただきWorld Government Summitという世界の知識層をターゲットにした国を挙げてのイベントに招かれ、アラブ地域での初めてのレディサムライの講演をしました。

ドバイ政府が主催するこのサミットには、二〇一六年にオバマ前米大統領がその主旨に賛同して参加したこともあり、翌年のこのイベントもそれまでになく注目され、テスラのCEOであるイーロン・マスク氏も参加していました。その中で、レディサムライというテーマを選んで私を呼んでくれたのは、アバヤ（黒いベール）に身を包んだ政府機関で働く若い女性でした。アラブ諸国では、一般的に女性の地位が依然として低い状況にあります。

当日、サミット会場には白の正装（トーブ）の男性も多く、レディサムライという女性をテーマにした講演であっても、男女を問わず関心を持っていただけていました。ドバイは綿密に整備された「未来都市」です。斬新な都市設計で、鉄道が頭上を走り、新市街には奇抜なデザインの超高層ビルが乱立しています。世界のどこにもないものを作り出すことをヨシとする聴衆は、知らないものへの好奇心が強いようでした。

ドバイでは、日本の歴史で女性が活躍したのは、彼女たちが武器を持って戦ったからではなく、忍耐強く交渉したり、日々、手紙で欠かさず連絡をとっていたからだということを伝えようと、保春院とねねの史料から二〇分あまりのトークを用意したのですが、そのリハーサル中に、「話の前に、まずもって過去の日本のイメージが浮かばない」という意見が主催者側から出ました。ねねの肖像画はないのか、ねねが住んでいた大坂とはどんな場所だったのかと、もう少しスライドに視覚的な情報が欲しいと言われました。そこで私が見せようと思ったのが、大坂城の屏風絵です。

ねねと秀吉が築城し、住んでいた大坂城とその城下町を、八曲からなる屏風絵の中に見つけることができます。

大坂城は徳川の軍によって攻撃され落城しましたから、豊臣期の天守閣が描かれている作品は珍しいものなのです。

オーストリアの城での時を超えた出会い

ここで、少しだけ、この屏風絵のありかについてお話しさせてください。

ねねと秀吉が築いた大坂の町の鳥瞰図は、日本ではなく、現在はオーストリアのグラーツのエッゲンベルグ城にあるのです。

この城はエッゲンベルグのハンス王子（Hans Ulrich von Eggenberg）が、一六二五年に建てたもので、この城を建設するにあたって、王子には、世界各地からの貴重な品を取り寄せて飾ろうというアイディアがありました。当時、世界各地から珍しいものが集められた「驚異の部屋」（ドイツ語でWunderkammer）がヨーロッパ各地で作られており、上流階級で話題になっていたことも、ハンス王子の発想に影響していたかもしれません。

しかし、珍しいものを収集するには膨大な時間がかかり、城の内装作りは一代では終わりませんでした。ハンスの孫のヨハン（Johann Seyfried）が財産が底をつくほど骨董品を買い漁り、城内を飾りつくしたことで、ようやっとエッゲンベルグ城の内装が完成に近づきました。

大きな応接間は、オーストリアならではのシャンデリアがずらりと並ぶ舞踏会も開ける大広間で、他の部屋は一部屋ずつ違ったモチーフがあしらわれ、世界中の家具や置物で飾られました。どれも、選び抜かれた貴重品ばかりです。客間を抜けると執務室。奥には寝室もあるようですが、ローマの部屋やギリシャの骨董品の部屋を抜け、一八番目の部屋となる「インドの間」に大坂城と城下町の風景を描いた屏風があるのです。

インドの間の扉を開くと、中国製の花瓶やお皿が並び、中国画が目につきます。主に黄色を基調とした一六畳くらいの部屋には、所々にちりばめられた金の飾りが光を放っています。

オーストリアのグラーツにあるエッゲンベルグ城の外観。ここに世界中の貴重な品、珍しい品が集められた

インドの間とはいいながら、中国や日本など、東洋のものまでを含めて「インド」と考えられていたようです。インドは、東洋からヨーロッパへの物流の中継点でした。そこから来たものは、まとめてインドだったのです。眩(まばゆ)く感じられるのは、どうやら壁紙にも、金が施してあるからのようです。よくよく近づいて、壁の絵を見てみると、日本のお城のような建物があります。

これは、ヨハンの孫のマリア（Maria Eleonora）が一七五四年に、屛風を一枚ずつに分け、壁紙としてインドの間に飾ったものだという説明がありました。この屛風の光景は、一六〇七年から一六二〇年ごろ江戸時代初期の大坂だと言われています。区画整備されたかのような町に、たくさんの人々が往来しています。光り輝く金屛風には町の活気が満ち溢れ、豪勢な都市景観には圧倒的なエネルギーが感じられます。ねねと秀吉が本拠地として移り住んだ大坂の一七世紀初頭には、ひとときの平和があったのです。

第八講　レディサムライはゲイシャ？　スパイ？

講演の場所がどの地かにかかわらず、レディサムライは、ゲイシャかスパイの類だと思って講演を聞きに来たという人が多くいらっしゃるのです。この場合のゲイシャというのは、大抵売春婦の代名詞として使われ、またスパイとは、こっそり有力者を殺すようなギャングスターの女の仲間をイメージしたもののようです。「いいえ、レディサムライの話は、人間の強さの話なんですよ」と答えながら、先ほど紹介したグラーツのインドの間の天井を私は思い出しました。

怖い天井——本当に「強い」女性とは

インドの間の天井を見上げると、衝撃的な絵があることに気づきます。男性が寝入っている間に頭を切り落とし、その頭部を持ち去るという、身の毛もよだつ絵画です。

もとになるエピソードは、世界で最初にオリエントを制し「世界帝国」となったアッシリアの物語です。アッシリアは現在のイラクの北部あたりの民族で、その統治の領域を広げるにあたって力添えをしなかった西方の国々へ報復のための軍を送ります。その軍の司令官がホロフェルネスという男でした。

ベトレアという町を武力制圧したホロフェルネスは、ユディットというその地域で尊敬されているユダヤ人の女性に出会います。彼女は道案内役として、軍に付き添うことになります。彼女の美しさに心を奪われたホロフェルネスは彼女を宴に呼びました。その宴の席でホロフェルネスは泥酔した隙を突かれ、自分の短刀を使われてユディットに殺害され、切り落とされた首を持ち去られてしまいます。結果的にベトレアの町は征服を免れるのです。

ホロフェルネスの首を斬るユディットの絵画。「インドの間」の天井に飾られているものと同様のモチーフが描かれている

いわば、道案内になりすましたスパイ兼アサッシン（暗殺者）である女性の姿が、煌（きら）びやかなインドの間の天井に飾られているのです。なぜここに飾られているのか、はっきりとはしていません。

こんな絵がインドの間にあったんだとアメリカ在住の歴史学者に話してみると、「この絵はレディサムライにぴったりじゃないか。ユディットのように、女性の性をアピールして、男性をそそのかしていたんだろう、ははは」というコメントでした。美しさで男性をたぶらかすという「ファムファタール（男を破滅させる魔性の女）」のタイプの悪女を連想したのでしょう。

思い込みとは恐ろしいものですが、日本について基礎的な歴史が知られていない地域での講演となると、レディサムライは刀を振り回して敵を倒す女武者か、あるいはゲイシャやスパイと思われても仕方ないのかもしれません。日本女性についての確かな情報が発信されていない証拠ですから。

だからこそ、人間としての強さを持ったレディサムライについて海外で伝えていく意味があるのです。レディサムライたちは人を殺すことで利益を得ることをよしとしませんでした。本当に「強い」人は、武器を持ったり性を売ったりなどしません。反対に、できるだけ人が死なないように、人々がよりよく生きていけるよう、平和的な問題解決を望んで行動します。そんな女性たちが日本にいましたよ、と私は世界各地で繰り返します。

第九講　当時の日本と世界の繋がりをどう捉えるか
――アフリカにて――

二〇一八年、アフリカで初めて日本領事館をケープタウンに設置してから一〇〇周年を祝う行事の一環として、日本史の講演の依頼をいただき、南アフリカ共和国の行政首都のプレトリアとケープタウンの二都市で、レディサムライについてお話しすることになりました。

講演会にはたくさんの申し込みがあり、一七世紀当時、日本とは直接的な交流があまりなかった南アフリカ共和国で、レディサムライへの関心を持つ方が数百名規模でいたのだから驚くべきことです。南アフリカ共和国の講演では、ドバイでも使った大坂城屏風などの歴史資料を紹介しながら、本書でも紹介した手紙を数通見せたり、もしも彼女たちが行動をしなかったら、という歴史の

アフリカでの講演会の様子。聴衆は世界地図を見て日本を指さしている（著者所有）

「もし」を仮定して、意見交換したりもしました。レディサムライの講演は、たちまち現地で話題となり、滞在の間、ラジオの番組にも五回ほど出演させていただきました。

ケープタウンでは、日本が当時の世界の中心だったヨーロッパとどう繋がっていたのかと尋ねられました。南アフリカ共和国は、以前、イギリスの植民地であった経緯もあり、中世のヨーロッパの歴史の知識がとても豊富です。そこで、「日本は……」といって、日本の歴史の講演を唐突に始めるのではなく、当地で基本となるヨーロッパの歴史との兼ね合いや、アフリカとの直接的な繋がりから始める必要があります。そんな時に持ち出すのが、世界地図のお話です。

世界地図を使って航海

日本で天下統一が進む一五八八年、ヨーロッパではイングランドがスペインの無敵ともいわれる艦隊を破った、アルマダ海戦が起こりました。その海戦の一員としてイングランドから参戦したウィリアム・アダムスは、海戦終了から一〇年後、オランダの小さな港から東南アジア（イースト・インディーズ）へ向けて、大航海に出ます。ロッテルダム沖を南半球に向かい南下し、南アメリカのマゼラン海峡を目的地として五隻が一斉に出帆しました。

その航海は実に多難で、途中で二隻がポルトガルとスペインの艦隊に拿捕され、一隻は途中でロッテルダムへ引き返すことになります。マゼラン海峡まで二隻しか辿り着けないという、苦難の旅を強いられましたが、アダムスは過酷な船旅を生き残り、日本の九州の豊後（現在の大分県）に漂着する形で辿り着

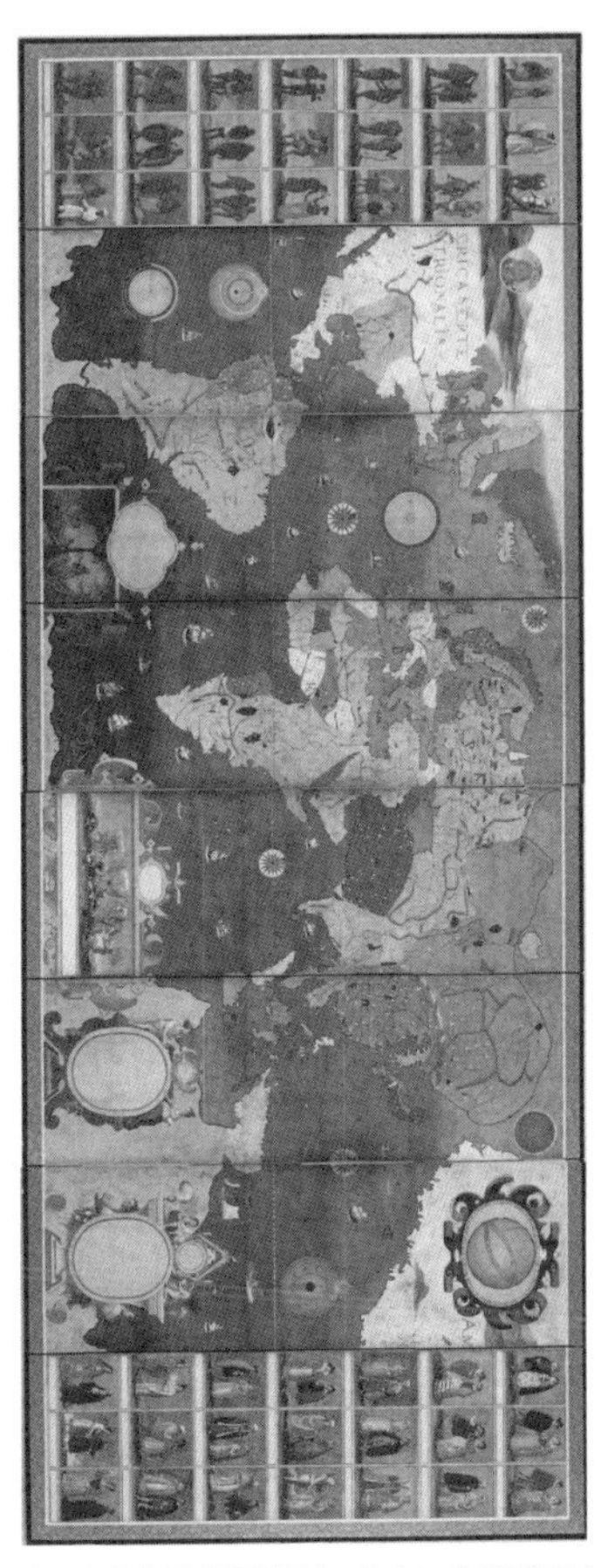

世界図屏風の「二十八都市萬国絵図屏風」。中央に世界地図があり、両側に様々な国の装いをした男女が描かれている（宮内庁三の丸尚蔵館蔵）

きました。一六〇〇年四月一九日だったといいます。もともと一一〇名ほどいた乗船者のうち、生存して日本に着いたのは二十数名。しかも、その全員が憔悴しきっての到着でした。

同年五月、日本のトップに名目上君臨していたのは豊臣秀頼でした。しかし、彼はまだ幼い男の子です。九州から大坂に漂流船の情報が入った時、秀頼の後見人の一人だった徳川家康が、秀頼の代わりにイングランドの一行の対応をすることになりました。

家康が彼らを呼び出した先は、大坂でした。家康は大坂城でウィリアムら三人に謁見し、イングランドとはどこの国なのかと尋ねます。そして、イングランドから見たヨーロッパの事情を聞きました。

もちろんそれはイエズス会士が語るものとは異なった話で、家康はそれぞれの国作りについて、初めて知ることになりました。家康はヨーロッパからの訪問者に会った後、世界図が描かれた屛風を眺めていました。その名も世界図屛風。グラーツの大坂の町の屏風の時とは随分違うけれど、屏風一面に描かれた地球図は、これまた独特の華やかさを感じる名作です。世界中のたくさんの国があり、アフリカがほぼ中心部に描かれていますのでアフリカでの講演には有難い構図です。この地図を見ると、当時の海路や日本の位置を客観的に捉えることができます。

第一〇講　クイーンとレディサムライ
――イギリスにて――

二〇二〇年、イギリスではJapan-UK Season of Cultureという文化交流のイベントが開催されていました。二〇一八年からイギリスのオックスフォードに引っ越していた私は、ロンドンのブリティッシュ・ライブラリーでレディサムライの講演をすることで、そのシリーズに参加させてもらうことになりました。

ロンドンの講演会にて

ブリティッシュ・ライブラリーは、一般教養のレクチャーシリーズを提供する場として知名度が特に高い会場です。まさかそんな場所でレディサムライの講演をすることになるとは思ってもいませんでした。ハーバードでの講義を思い出し、あの時のように丁寧に、そして世界各国で講演した内容を九〇分に凝縮しようと準備しました。しかも、有難いことにチケットは三週間前に完売でした。

このブリティッシュ・ライブラリーでの講演の出発点は、イギリスの人たちにわかりやすいように一六世紀半ばのイングランドにしようという運びになりました。イギリスの歴史のタイムラインをベースにすると、一六〇〇年がどれくらい昔のことなのかイメージしやすいのです。

エリザベス一世の話から

イングランドの一六世紀は、クイーンの統治が続いた時代でした。ジェーン、メアリーに続きエリザベス（一世）が、一六〇三年まで統治した王朝はチューダー朝と呼ばれています。

エリザベス女王はVirgin Queen（ヴァージン・クイーン）という別名もあ

るくらい、未婚を貫くことを自らの意思で選んでいた女王です。一五五九年には、「私の墓の上の大理石に、女王としての統治期間と合わせて、処女として生き、処女のまま亡くなったと刻まれたとしても、最終的に、私はそれで満足です」と非婚宣言をしていました。

先ほどちらっと触れましたが、一五八八年、イングランド軍は、無敵とも言われていたスペイン艦隊を破ります。この時、エリザベス女王は自国イングランドの優位と、世界統治へのヴィジョンを公にするようになり、勝者としての貫禄は満点でヨーロッパの西側、大西洋を越えて新大陸までをも制覇するという壮大な計画を企てました。そして彼女は、女王自身の言葉として、その意思を表明していました。

「私の体は、か弱い女性の身であることはわかっています。しかし、私の精神力は王に価するもので、十分にイングランドの王でありうるものです。パルマやスペインなど、どこかのヨーロッパの王子が、私の領地に侵入するようなことがあれば、私はそれを、自らに対する侮辱として捉えるのみならず、私自身が武器を取り、あなたがたの統率者、かつ正義と賞美を与えるものとして、戦地にてあなたがたを導くことになるでしょう」

エリザベスは、自ら戦いに出向く覚悟だと言いました。戦場に向かう、女性のイメージ。たとえ現実でなくとも、クイーンが軍を統率する姿。無敵艦隊を破ったイングランドの武力に増強されたその幻想は、彼女のスピーチを聞いた聴衆の想像の中で生き、のちに伝説となったのです。チューダー朝が全盛にあった頃、その同時期に、ねねと秀吉は天下統一に向け日々を過ごしていました。

第一一講　宗教の話を抜きには語れない
レディサムライへの目線

キリスト教の日本への影響

最後に、講演の場所によらずとても深いなと思う質問が、宗教に関することです。キリスト教が伝来し、宣教師たちが日本にもたらした影響は何ですか、改宗した女性はいましたかということを度々聞かれます。ここでは、二種類のお話をすることがあります。一つ目は、キリスト教の宣教師がヨーロッパに伝えたガラシャの話、二つ目は、実際に改宗し、天下統一期を生き抜いた女性マリアの話です。

信仰を貫いたガラシャ

一六〇〇（慶長五）年、関ケ原の合戦の直前に、ある女性が自ら命を絶ちました。その女性はガラシャと呼ばれ、彼女の存在はヨーロッパにも伝わり、ラテン語でオペラにもなっています。

オペラのタイトルは"*Mulier fortis cuius pretium de ultimis finibus sive Gratia Regni Tango Regina examtlatis pro Christo aerumnis clara.*"

短くは、*Mulier fortis* つまり、『強い女』というタイトルです。

ガラシャの日本語名は玉（たま）でした。彼女は明智家に生まれ、細川忠興の正室となりました。父の明智光秀が一五八二年に信長を暗殺した後、その仇を討った秀吉が台頭してきます。明智家の出である彼女は今までどおりに暮らすことが難しくなり、夫や細川の一族から断絶され、京都の丹後の山奥、味土野（みどの）に幽閉されることになりました。

幽閉された場所は後に「女城（めじろ）」と呼ばれるように、玉と彼女の侍女だけが暮らす孤城です。彼女たちの護衛さえも、女城からは離れた丘に建てられた「男城(おじろ)」に詰めているという徹底した幽閉状態でした。玉の侍女としては、学識のある名家の清原家から、いとという女性がそばについていました。清原いとの父は儒教の学者でありながら、いち早く一五六〇年代のはじめにクリスチャンの洗礼を受けていました。

玉の幽閉期間は一年以上に及びます。一五八四年に豊臣秀吉が細川忠興に玉との復縁を許すと、細川から豊臣への人質として、大坂に建てられた細川邸に住むようになります。丹後の山奥での幽閉を解かれたものの、玉は大坂でも、自由に身動きがとれない軟禁状態に置かれます。

大坂で玉が住むことになった邸宅は、豊臣期に栄えていく大坂城下にあり、後にねねが管理権を持つ玉造(たまつくり)という地域にありました。大坂の町が栄えてくる時代を、玉は、侍女とともに大坂で過ごすことになります。

大坂に引っ越してからは、屋敷に軟禁とはいえ、女城の時よりは、外界と接触できたようです。城下町に広がるキリスト教の布教の様子を玉も知ることになり、玉は徐々にキリスト教に感化されていきます。当時、ねねが大坂城内にキリシタン名の侍女を持っていたように、高貴な身分の女性たちは、イエズス会の布教活動に触れる機会があったのです。細川邸からも、玉の侍女たちが大坂の教会に通うようになり、また玉自身も、侍女たちとともに大坂の教会に一度だけお忍びで出向きました。もちろん、玉が勝手に邸宅を出ることはできません。それでも玉は、一度だけでも教会に足を運んでおきたかったのです。

宣教師を訪問後、玉は侍女を教会に送り、その侍女から教会での説教を聞くようになります。そうしているうちに、侍女のうち、父親もキリスト教徒だった清原いとが、イエズス会の宣教師グレゴリオ・デ・セスペデスから洗礼を受けマリアという名を得ます。他の侍女も同様に洗礼を受け、玉の幼少期の乳母までもが入信しました。ごく自然に玉自身も、なんとか洗礼を受けられないだろうかと考えるようになります。

しかし、彼女は大坂で軟禁状態にあります。宣教師も含め、男性に会うことは禁止されています。そこで玉は、宣教師からではなく、いとから洗礼を受ける形で、クリスチャン・ネームであるガラシャの名を得ることにします。彼女の入信は一五八七年のことでした。

一六〇〇（慶長五）年に、秀吉没後の一連の権力闘争が目にみえる形で始まります。石田三成を筆頭とする、徳川に反発する軍が、細川忠興にどちらの味方になるのかと身の振り方を迫ります。石田側につくのか、徳川側につくのか。迷う忠興を横目に、石田側は忠興の妻を人質として取ることで忠興の動きを牽制しようとします。ガラシャは人質となることを拒否しましたが、それにより石田側の実力行使で細川家の人々に害が及ぶことを避けて、自宅で死を遂げる覚悟をします。ガラシャは心を固め、辞世の句を詠みます。

散りぬへき　時しりてこそ　世の中の　花も花なれ　人も人なれ

ガラシャは屋敷内の侍女を逃避させ、キリスト教では自害が禁止されているため、家臣に介錯を頼み、力尽きたといいます。日本にいたイエズス会の宣教師は、洗礼を受けていたガラシャの置かれた当時の状況を知り、詳細を手紙に書いてヨーロッパへ伝えていました。そうして、その報告によってガラシャの最期は『丹後の女王（Regina）の殉教』として、ヨーロッパに伝わっていったのです。

細川の家が支配していた丹後は、ガラシャ本人が父から受け継いだ土地でした。一度は女城に幽閉され憂き目も見た場所ですが、ガラシャが「丹後の女王」と呼ばれるようになった所以です。

それにしても、彼女のオペラのタイトルが *Mulier fortis* つまり彼女が『強い女』として劇化されたことは、当時の時代と文化を反映しているように思います。異国の女性のキリスト教への敬虔な姿が、人々の心を揺さぶったのでしょう。

ガラシャに関しての想像や脚色はあったとしても、彼女の死から九八年後の一六九八年、オーストリアのウィーンで日本の「強い」クリスチャンの女性のオペラが上演されていたのは事実であり、ハプスブルク家の貴人たちがガラシャのオペラを鑑賞していたのです。

キリスト教徒として生きることを選んだねねの娘

ガラシャが命を絶つ時に、彼女の周りにいた細川家の女性を助けるよう指示したと言われているのが、ねねと秀吉の養女の一人、豪です。

豪は第一部で紹介したとおり、加賀藩を治めていた前田利家とまつの子供です。彼女は一五七四（天正二）年の生まれで、数え二歳の時、秀吉とねねの養女として豊臣家に来ました。ねねと秀吉が最初の居城、長濱城に引っ越す前のことで、まだまだ、天下統一からは程遠い一五七五年頃のことでした。秀吉に特に可愛がられて育った豪は、ねねと一緒に大坂城に移ります。

賑やかな大坂城で少女時代を過ごした彼女の周りには、母親であるねねとその侍女がいました。

ねねは仏教徒だったとはいえ、イエズス会士が伝道するキリスト教にも興味を持っていました。真実かはわかりませんが、一五九五年一〇月二〇日付のフロイスの一五九五年度年報には、キリスト教が仏教や神道より優れていると言った、と伝わっています。次のようなエピソードがあります。

……（高山）ジュスト（右近）の母（マリア）は、太閤様の夫人で称号で（北）政所様と呼ばれている婦人（ねね）を訪問するために赴いた。そこで他の貴婦人たちがいる中で、（ねねに）非常に寵愛されていた二人のキリシタンの婦人たちの面前で、話題が福音のことに及んだとき、（北）政所様は次のように言った。「それで私には、キリシタンの掟は道理に基づいているから、すべての（宗教の）中で、もっとも優れており、またすべての日本国の諸宗派よりも立派であるように思われる」と。そして（ねね）は、デウスはただお一方であるが、神（カミ）や仏（ホトケ）はデウスではなく人間であったことを明らかに示した。そして（ねねは）、先のキリシタンの婦人の一人であるジョアナの方に向いて、「ジョアナよ、そうでしょう」と言った。（ジョアナは）「仰せのとおりです。神は日本人が根拠なしに勝手に、人間たちに神的な栄誉を与えたのですから、人間とは何ら異なるものではありません」と答えた。それから（北）政所様は同じ話題を続けて次のように付言した。「私の判断では、すべてのキリシタンが何らの異論なしに同一のことを主張しているということは、それが真実であることにほかならない。（その一方、）日本の諸宗派についてはそういうことが言えない」と。これらの言葉に刺戟されて、別の婦人すなわち（前田）筑前（利家）の夫人は、称賛をもって種々話し始め、あるいはむしろ我らの聖なる掟に対して始めた称賛を続けて、すべての話を次のように結んだ。「私は私の夫がキリシタンとなり、わたしが（夫の）手本にただちに倣うようになることを熱望していますと。

（『十六・七世紀イエズス会日本報告集』第1期第2巻、83〜84頁）

※一部、括弧の注は著者による。

イエズス会士ルイス・フロイスがヨーロッパへ書き送った一五九五年の日本年報に、ねねは侍女だけでなく、高山右近の母や前田利家の妻と、ゴスペル（福音）について議論を交わしているというのです。

仏教と神道。その二つが混じり合った土着信仰は、当時の日本列島の各地にありましたが、そこに、キリスト教という異国の神が入ってきた時に、排除せず受け入れるというのは誰もが容易にできたことではなかったはずです。キリスト教に接することや、信じる理由は様々でしたが、ねねの娘の豪は、のちにキリスト教に改宗します。

豪は八郎（宇喜多秀家）との結婚の後息子二人をもうけますが、その二人は豪よりも早く洗礼を受けました。豪の父秀吉は、伴天連（ばてれん）追放、つまり、初めは容認していたイエズス会の活動を突如認めない方針を打ち出し、この決断を発端に、日本でのキリスト教弾圧はしばらく続くことになります。日本のキリスト教徒が国外に追放されたり、公開処刑にまであうとても危険な目にさらされている時勢だったにもかかわらず、豪は信仰心とともに生きました。

豪のクリスチャン・ネームはマリアでした。母のねねのように仏尼にならず、キリスト教徒として生きることを彼女は選びました。そして、一六〇〇年代、当時、教会があった生まれ故郷の金沢に引っ越します。

豪は今まで紹介した女性たちの中では、一番自由な選択をしたように思えます。名家に生まれ、名家に養われ、名家に嫁ぎました。それなりの苦労はあったでしょうが、信仰を選び、信仰を貫ける基盤が彼女には与えられていました。

あとがき

大学ではない一般向けの講演会で私がレディサムライと題する時は、女性たちの生き方や、動き、その記録から読み取れる、彼女たちの平和への願いや、武力回避への試みなど、多くの人にシェアしてほしい人間の強さについてお話しします。誰がレディサムライだったかよりも、我々がどのように強くありたいかを考えるきっかけになればと思い、世界各地で講演活動をしています。

これからインターネットを主流としたコミュニケーションに教育やビジネスが移行すると、国の枠にとらわれない新しい種類の文化交流やグローバリズムが発生します。個人同士が直接関係する、新しいアイデンティティ形成の時代の到来です。そんな時代の「歴史」とは国を知るためのものではなく、個人が生きるために、生活の場所や職業、信仰の選択の自由を考え直す題材になっていくと思う今日この頃です。

本書で取り上げてきた女性たちの様々な要素の中でも、「日本人女性としてこうあるべきだから」という基準で決断をしていないところに、私に魅力的を感じます。ねねを含め、波乱の時代を生きた女性たちは、その時代の理屈や理想に沿った生き方をしませんでした。日本の天下統一期の歴史は、女性でも男性でも、人はみな、困難な時に立ち止まってはいけないと教えてくれます。

いつの時代でも次に進む方向性を決めるのは、個人の意思であり、その個人の決断の総計が、人類の歴史です。レディサムライは無数に存在し、これからも無数に生まれてくるでしょう。人間を動かすものは、人間を形作るものは、共感と思いやりであり、人間としての強さだと、私は思います。

出典・主要参考文献

跡部信「豊家相続に「連携」していた淀君と高台院」『激闘大坂の陣』（学研プラス）二〇〇〇

跡部信「戦国時代の政治力：合戦をも止めた妻たちの連携」『奮闘前田利家』（学研プラス）二〇〇一

跡部信、北川央「豊臣時代資料・史跡調査概報」（大阪城天守閣紀要三六）二〇〇八

跡部信、北川央「豊臣時代資料・史跡調査概報」（大阪城天守閣紀要三九）二〇一二

宇野主水「宇野主水日記」『石山本願寺日記 下巻』（清文堂出版）一九六六

英俊『多聞院日記　増補』（臨川書店）一九七八

遠藤ゆり子「戦国期奥羽における保春院のはたらき：戦国時代の平和維持と女性」（日本史研究 四八六）二〇〇三

大阪城天守閣編『特別展　戦国の女たち：それぞれの人生』（大阪城天守閣特別事業委員会）一九九九

大阪城天守閣編『秀吉と桃山文化：大阪城天守閣名品展』（大阪城天守閣特別事業委員会）一九九七

太田牛一／榊山潤訳『信長公記』（富士出版）一九九一

太田牛一『大かうさまくんきのうち』（汲古書院）　一九七五

大村由己／桑田忠親編「天正記」『戦国史料叢書１　太閤史料集』（人物往来社）一九六五

小和田哲男『北政所と淀殿：豊臣家を守ろうとした妻たち』（吉川弘文館）二〇〇九

義演『義演准后日記』（醍醐寺）一九七六〜一九八五

久保田昌希「今川氏親後室寿桂尼発給の文書について」（駒澤史学　二四）一九七七

久保田昌希、大石泰史編『戰國遺文　今川氏編　第一巻』（東京堂出版）二〇一〇

桑田忠親『太閤の手紙』（講談社学術文庫）二〇〇六

桑田忠親『太閤書信』（東洋書院）一九九一
国書刊行会編「駿府記」『史籍雑纂第二』（国書刊行会）一九一一〜一九一二
後藤みち子『戦国を生きた公家の妻たち』（吉川弘文館）二〇〇九
駒井重勝／藤田恒春編校訂『増補　駒井日記』（文献出版）一九九二
佐藤暁、工藤智弘編著『北政所消息の研究』（日出町史料叢書刊行会）一九八二
サントリー美術館ほか編『秀吉とねねの寺：高台寺の名宝』（鷲峰山高台寺）一九九五
山陽新聞社編『ねねと木下家文書』（山陽新聞社）一九八二
谷口研語『流浪の戦国貴族近衛前久：天下一統に翻弄された生涯』（中公新書）一九九四
田端泰子『北政所おね：大坂の事は、ことの葉もなし』（ミネルヴァ書房）二〇〇七
津田三郎『北政所：秀吉歿後の波瀾の半生』（中公新書）一九九四
洞院公賢／岩橋小弥太・斎木一馬校訂『園太暦　巻一〜三』（太洋社）一九三六〜一九三八
東京帝国大学文学部史料編纂所編『大日本古文書 家わけ第三』（東京帝国大学）一九〇八〜一九一四
徳富蘇峰『近世日本國民史 11』（民友社）一九三五
豊臣秀吉『豊太閤真蹟集』上下（東京大学出版会）一九八一
二木謙一、荘美知子校訂『木下延俊慶長日記：慶長十八年日次記』（新人物往来社）一九九〇
西洞院時慶／時慶記研究会編『時慶記』本願寺出版社　二〇〇五
塙保己一編『お湯殿の上の日記』続羣書類従補遺第三　第二（続群書類従完成会）一九五八
福田千鶴『淀殿：われ太閤の妻となりて』（ミネルヴァ書房）二〇〇七
藤木久志「日本中世の女性たちの戦場」（総合女性史研究 十六）一九九九
梵舜『舜旧記』（続群書類従完成会）一九七〇〜一九九九

松田毅一監訳『十六・七世紀イエズス会日本報告集』（同朋舎）一九八七〜一九九八

山科言継／太田藤四郎編『言継卿記』（太洋社）一九四一

山科言経／東京大學史料編纂所編『言經卿記』（岩波書店）一九五九〜一九九一

山室恭子『中世のなかに生まれた近世』（吉川弘文館）一九九一

山本博文、堀新、曽根勇二編『偽りの秀吉像を打ち壊す』（柏書房）二〇一三

山本博文、堀新、曽根勇二編『消された秀吉の真実：徳川史観を越えて』（柏書房）二〇一一

ルイス・フロイス／松田毅一、川崎桃太訳『完訳フロイス日本史 1 〜 12』（中公文庫）二〇〇〇

渡辺江美子／米原正義先生古稀記念論文集刊行会編「甘棠院殿桂林少夫人―豊臣秀吉養女小姫君」『戦国織豊期の政治と文化：米原正義先生古稀記念論集』（続群書類従完成会）一九九三

Boscaro, Adriana. *101 Letters of Hideyoshi: The Private Correspondence of Toyotomi Hideyoshi*. Tokyo: Sophia University, 1975.

Elizabeth I, Queen of England. *Elizabeth I: Collected Works*. Edited by Leah S. Marcus, Janel Mueller, and Mary Beth Rose. Chicago: University of Chicago Press, 2000.

Kitagawa, Tomoko L. "An Independent Wife during the Warring States: The Life of Kitanomandokoro Nei (1548–1624) in Letters." Ph.D. diss, Princeton University, 2009.

Kitagawa, Tomoko L. "Conversion of Hideyoshi's daughter, Gō." *Journal of Japanese Religious Studies* 34.1 (2007): 9–25.

Kitagawa, Tomoko L. "Women's black-seal letters in sixteenth-century Japan." *Early Modern Women: An Interdisciplinary Journal* 8 (2013): 317–27.

北川智子
きたがわ・ともこ
歴史学者。カナダのブリティッシュコロンビア大学で数学と生命科学を学んだ後、米国プリンストン大学で歴史学の博士号を取得。米国ハーバード大学でLady Samuraiなどの歴史のクラスを教え、その内容は欧米や中東、アフリカを含む世界各地での講演活動へと広がっていった。著書に『ハーバード白熱日本史教室』（新潮新書）『異国のヴィジョン』（新潮社）などがある。
現在はグローバルヒストリーと数学史の研究をしている。英国ケンブリッジ大学ウォルフソンカレッジ、米国カリフォルニア州立大学バークレー校、ドイツのマックス・プランク数学研究所でヨーロッパ・アメリカ・アジア地域の数学史研究を進め、アフリカ地域の研究のために南アフリカ共和国のプレトリア大学にも赴任した。
英国オックスフォード大学数学研究所やオックスフォード大学ペンブルックカレッジで学術研究を続けながら、学歴、国籍、世代にとらわれないオンライン教育の促進のためヴァーチャル模擬授業や教育コンサルティングも行なっている。
ウェブサイトはwww.tomokokitagawa.com

本書の英題は以下です。
Japan and the World: Towards a Global Education

本書の内容の一部は、日本語と英語を併記する形で「CNN English Express」で二〇一九年から二〇二〇年に連載されました。

ポプラ新書
203

日本史を
動かした女性たち

2021年2月8日 第1刷発行

著者
北川智子

発行者
千葉 均

編集
木村やえ、近藤 純

発行所
株式会社 ポプラ社
〒102-8519 東京都千代田区麹町4-2-6
電話 03-5877-8109(営業) 03-5877-8112(編集)
一般書事業局ホームページ www.webasta.jp

ブックデザイン
鈴木成一デザイン室

印刷・製本
図書印刷株式会社

N.D.C.210/190P/18cm/ISBN978-4-591-16893-6

P8201203

生きるとは共に未来を語ること 共に希望を語ること

昭和二十二年、ポプラ社は、戦後の荒廃した東京の焼け跡を目のあたりにし、次の世代の日本を創るべき子どもたちが、ポプラ(白楊)の樹のように、まっすぐにすくすくと成長することを願って、児童図書専門出版社として創業いたしました。

創業以来、すでに六十六年の歳月が経ち、何人たりとも予測できない不透明な世界が出現してしまいました。

この未曾有の混迷と閉塞感におおいつくされた日本の現状を鑑みるにつけ、私どもは出版人としていかなる国家像、いかなる日本人像、そしてグローバル化しボーダレス化した世界的状況の裡で、いかなる人類像を創造しなければならないかという、大命題に応えるべく、強靭な志をもち、共に未来を語り共に希望を語りあえる状況を創ることこそ、私どもに課せられた最大の使命だと考えます。

ポプラ社は創業の原点にもどり、人々がすこやかにすくすくと、生きる喜びを感じられる世界を実現させることに希いと祈りをこめて、ここにポプラ新書を創刊するものです。

未来への挑戦!

平成二十五年 九月吉日

株式会社ポプラ社